21 世纪高职高专汽车技术系列教材

汽车技术服务与营销类

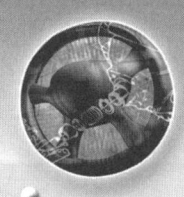

主　编　高谋荣　肖　钢
副主编　何　建　林文光

二手车鉴定评估与交易实务

（第二版）

华南理工大学出版社
SOUTH CHINA UNIVERSITY OF TECHNOLOGY PRESS

·广州·

图书在版编目(CIP)数据

二手车鉴定评估与交易实务/高谋荣,肖钢主编.—2版.—广州:华南理工大学出版社,2023.2

(21世纪高职高专汽车技术系列教材·汽车技术服务与营销类)

ISBN 978-7-5623-7262-2

Ⅰ.①二… Ⅱ.①高… ②肖… Ⅲ.①汽车-鉴定-高等职业教育-教材 ②汽车-价格评估-高等职业教育-教材 Ⅳ.①U472.9 ②F766

中国国家版本馆CIP数据核字(2023)第008871号

Ershouche Jianding Pinggu Yu Jiaoyi Shiwu(Di Er Ban)

二手车鉴定评估与交易实务(第二版)

高谋荣 肖 钢 主编

出 版 人:柯 宁
出版发行:华南理工大学出版社
(广州五山华南理工大学17号楼,邮编510640)
http://hg.cb.scut.edu.cn E-mail:scutc13@scut.edu.cn
营销部电话:020-87113487 87111048(传真)

责任编辑:袁 泽
责任校对:陈哲菲
印 刷 者:广州市新怡印务股份有限公司
开 本:787mm×1092mm 1/16 印张:11 字数:265千
版 次:2023年2月第2版 印次:2023年2月第1次印刷
定 价:48.00元

版权所有 盗版必究 印装差错 负责调换

再版前言

近年来随着二手车流通政策的不断出台，二手车交易日趋活跃、规范和便捷，行业呈现快速发展的繁荣景象。2021 年，我国二手车交易量为 1758.51 万辆，同比增长 22.62%。但与发达国家相比，我国二手车交易量不到汽车保有总量的 6%，远低于国际成熟汽车市场比例。因此，我国二手车行业的发展潜力巨大，二手车行业人才需求越来越大。

本教材第一版于 2009 年出版，至今已有十多年，二手车行业发生了很大的变化。首先是行业越来越规范，其次交易模式由传统的线下模式发展为线下、线上及线上线下结合并重的模式，再次因新能源汽车保有量大幅度增加，导致新能源二手车交易量也不断增加，另外，二手车鉴定评估的新工艺和新手段不断增加。

除了二手车行业发生了巨大的变化以外，高职教育行业也发生了变化，教育的目标、教育的方法和教育的手段都发生了显著的变化，二手车相关课程的教育也不例外。

综上，原来的教材已经无法满足目前教学的需求，故修订了本教材。

本教材主要突出以下特色：

首先，教材内容保持与时俱进。在内容上不仅更新了二手车行业相关的最新数据，同时增加了线上交易模式、新能源二手车的鉴定与评估、二手车金融等内容。

其次，教材明确了每章的教学目标。信息化时代思政教育尤显重要，本教材不仅完善了原来的知识目标和能力目标，同时增加了素质（思政）目标，使读者能够明白二手车行业应该培养什么样的人才。

最后，教材力求丰富多彩。作为学生知识的重要来源和学习参考资料，教材内容力求丰富多彩，并引用大量的案例和丰富的图片使教材通俗易懂。

本教材由深圳职业技术学院高谋荣老师、肖钢老师任主编，福建船政交通职业技术学院何建老师、深圳职业技术学院林文光老师任副主编。编写分工如下：第一章部分内容、第二章、第三章部分内容、第四章由高谋荣编写，第一章部分内容、第五章部分内容由肖钢编写，第五章部分内容由何建编写，第三章部分内容由林文光编写，全书由高谋荣统稿和修改。在本书的编写过程中，得到了许多专家和同行的热忱支持，借鉴了许多参考资料，在此一并表示感谢。

由于编者水平所限，书中必定有不妥和错误之处，恳请读者提出宝贵的意见。

高谋荣
2022 年 12 月

目 录

第一章 二手车鉴定与评估概述 (1)
第一节 二手车定义及鉴定评估目的 (1)
一、二手车定义 (1)
二、二手车鉴定与评估目的 (2)
三、二手车市场 (3)
第二节 二手车行业发展概况 (3)
一、二手车行业在汽车产业中的地位和作用 (3)
二、我国二手车行业发展状况 (4)
三、国际二手车行业发展状况 (5)
第三节 二手车交易模式 (7)
一、线下交易模式 (7)
二、线上交易模式 (7)
三、混合式交易模式 (8)
第四节 二手车鉴定评估与交易从业分析 (9)
一、二手车行业从业岗位 (9)
二、机动车鉴定评估师能力要求 (9)
三、机动车鉴定评估师素质要求 (10)

第二章 二手车鉴定评估基础 (12)
第一节 汽车分类 (12)
一、按使用燃料分类 (12)
二、按汽车用途分类 (13)
三、按发动机位置和驱动方式分类 (13)
四、按公安机关管理分类 (14)
五、按收费公路车辆通行费分类 (15)
六、德国和美国的分级标准 (16)
第二节 车辆识别代号 (16)
一、车辆识别代号(VIN)的意义和作用 (16)
二、车辆识别代号管理规则 (17)
三、VIN码标牌的位置 (19)
四、VIN码识别系统 (20)
第三节 汽车的证件与号牌 (22)
一、车主身份证 (22)
二、机动车行驶证 (23)

三、机动车登记证书 …………………………………………………………… (24)
　　四、车辆购置税 ………………………………………………………………… (25)
　　五、汽车来历凭证 ……………………………………………………………… (26)
　　六、车船税和机动车交通事故责任强制保险 ………………………………… (27)
　　七、汽车号牌 …………………………………………………………………… (28)
第四节　汽车主要性能指标及技术参数 ………………………………………… (29)
　　一、汽车的主要技术参数 ……………………………………………………… (29)
　　二、汽车的主要性能指标 ……………………………………………………… (33)
第五节　汽车寿命与价值 ………………………………………………………… (35)
　　一、汽车的使用寿命 …………………………………………………………… (35)
　　二、影响机动车经济使用寿命的因素 ………………………………………… (37)
　　三、汽车报废的标准 …………………………………………………………… (38)

第三章　汽车技术状况鉴定 ……………………………………………………… (41)
第一节　汽车技术状况鉴定的基本方法 ………………………………………… (41)
　　一、经验检查鉴定（定性检查鉴定） ………………………………………… (42)
　　二、仪器检测鉴定（定量检查鉴定） ………………………………………… (42)
第二节　汽车车身损伤及事故状况鉴定 ………………………………………… (42)
　　一、汽车事故对汽车性能的影响 ……………………………………………… (42)
　　二、车辆事故状况鉴定 ………………………………………………………… (43)
　　三、事故鉴定技巧及口诀 ……………………………………………………… (48)
第三节　汽车发动机技术状况鉴定 ……………………………………………… (50)
　　一、发动机的静态检查 ………………………………………………………… (50)
　　二、发动机的动态检查 ………………………………………………………… (53)
　　三、使用汽车检测仪器、设备检测发动机 …………………………………… (53)
第四节　汽车底盘技术状况鉴定 ………………………………………………… (54)
　　一、汽车底盘的静态检查 ……………………………………………………… (54)
　　二、汽车底盘的动态检查 ……………………………………………………… (55)
　　三、使用汽车检测仪器、设备检测汽车底盘 ………………………………… (57)
第五节　汽车电器技术状况鉴定 ………………………………………………… (60)
第六节　汽车综合技术状况鉴定 ………………………………………………… (62)
　　一、静态检测 …………………………………………………………………… (62)
　　二、动态检测 …………………………………………………………………… (63)
第七节　新能源二手车技术鉴定 ………………………………………………… (65)
　　一、安全防护 …………………………………………………………………… (65)
　　二、电池系统鉴定 ……………………………………………………………… (65)
　　三、电机及控制器 ……………………………………………………………… (68)
　　四、驾驶舱 ……………………………………………………………………… (68)
　　五、电控及仪表 ………………………………………………………………… (69)

　　六、路试 … (69)
第八节　泡水车鉴定 … (70)
　　一、汽车泡水程度分类 … (71)
　　二、辨别泡水车 … (71)

第四章　二手车价值评估 … (74)
第一节　二手车价值评估概述 … (74)
　　一、二手车价值评估原则 … (74)
　　二、二手车的估价程序 … (75)
　　三、二手车估价的业务类型及常见方法 … (76)
第二节　重置成本法 … (76)
　　一、重置成本法概述 … (76)
　　二、重置成本法的计算过程 … (77)
　　三、二手车成新率计算方法 … (80)
　　四、重置成本法的综合运用评估案例 … (89)
第三节　收益现值法 … (93)
　　一、收益现值法概述 … (93)
　　二、收益现值法评估的计算过程 … (94)
　　三、收益现值法的综合运用评估案例 … (95)
第四节　现行市价法 … (96)
　　一、现行市价法概述 … (96)
　　二、现行市价法评估的计算过程 … (97)
　　三、现行市价法的综合运用评估案例 … (100)
第五节　清算价格法 … (101)
　　一、清算价格法概述 … (101)
　　二、清算价格的计算方法 … (102)
第六节　评估报告的撰写 … (103)
　　一、基本要求 … (103)
　　二、二手车鉴定评估报告书正文的基本内容 … (103)
　　三、二手车鉴定评估报告书编写步骤 … (105)
　　四、二手车鉴定评估报告书模板 … (105)

第五章　二手车交易 … (112)
第一节　二手车交易概述 … (112)
　　一、二手车交易类型 … (113)
　　二、二手车交易特点 … (113)
　　三、二手车交易流程 … (114)
第二节　二手车收购 … (115)
　　一、二手车收购流程 … (116)
　　二、二手车收购定价 … (117)

三、二手车收购合同订立 …………………………………………………… (121)
　　四、二手车收购技巧 ……………………………………………………… (123)
　　五、二手车置换流程 ……………………………………………………… (125)
　第三节　二手车销售 ………………………………………………………… (129)
　　一、二手车销售流程 ……………………………………………………… (129)
　　二、二手车整备 …………………………………………………………… (130)
　　三、二手车销售定价 ……………………………………………………… (132)
　　四、二手车金融 …………………………………………………………… (136)
　　五、二手车销售及合同订立 ……………………………………………… (138)
　　六、二手车销售技巧 ……………………………………………………… (139)
　第四节　二手车拍卖 ………………………………………………………… (140)
　　一、拍卖概述 ……………………………………………………………… (140)
　　二、二手车拍卖流程 ……………………………………………………… (142)
　　三、二手车拍卖实例分析（案例来源：阿里拍卖）……………………… (149)
　第五节　二手车交易手续的办理 …………………………………………… (150)
　　一、二手车过户流程 ……………………………………………………… (151)
　　二、二手车转移登记手续的办理 ………………………………………… (155)
　　三、二手车保险合同的变更办理 ………………………………………… (162)
参考文献 …………………………………………………………………… (166)

第一章 二手车鉴定与评估概述

【本章学习目标】

素质(思政)目标：
- 培养学生独立的学习和分析能力；
- 培养学生团队协作意识和表达沟通能力；
- 培养学生认真负责、严谨细致的工作态度和工作作风；
- 培养学生良好的操作规范和文档规范的习惯；
- 培养学生爱岗敬业的社会价值观；
- 培养学生法制意识和精神。

知识目标：
- 理解二手车、二手车鉴定与评估、二手车市场的概念；
- 了解二手车行业在整个汽车产业链中的作用和地位；
- 了解国内外二手车行业的发展状况及趋势；
- 了解目前二手车的交易模式；
- 熟悉二手车鉴定评估与交易相关岗位及所必须掌握的知识。

能力目标：
- 能够独立完成调研表格的设计；
- 能够对线上线下二手车发展状况进行调研；
- 能够规范地撰写调研报告。

第一节 二手车定义及鉴定评估目的

一、二手车定义

商务部、公安部、国家工商行政管理总局、国家税务总局令2005年第2号《二手车流通管理办法》首次明确地给出了二手车的定义。所谓二手车，是指从办理完注册登记手续到达到国家强制报废标准之前进行交易并转移所有权的汽车(包括三轮汽车、低速载货汽车，即原农用运输车)、挂车和摩托车。

二手车，英文常译为"second hand vehicle"或"used car"，意为"第二手的汽车"或"用过的汽车"。我国台湾地区和日本则将二手车称之为"中古车"。

在出台二手车定义之前，我国也将二手车称之为"旧机动车"。一般人认为"旧机动车"就是那些很残破车辆，在一定程度上影响人们的消费情绪。其实二手车不一定就是旧车，从定义上来看，只要上了牌照在合法使用期内的车再进行交易就是二手车，而实际上，很多七八成新的车流入二手车市场，有的市场出现了刚上牌的二手车，甚至还有没上牌的二手车。可见，二手车并不一定就是我们传统认为的"旧车"，在美国，雷克萨斯

（凌志）的二手车甚至不叫"二手车"，而专门起了一个名字，叫作"pre-owned-car"，意思是"曾经被拥有过的车"，以回避人们对二手车、旧机动车普遍比较低廉的印象。

二、二手车鉴定与评估目的

二手车鉴定与评估是指由专门的鉴定与评估人员，按照特定的目的，遵循法定或公允的标准和程序，运用科学的方法，对车辆进行手续检查、技术鉴定和价格估算的过程。在此所说的二手车鉴定与评估的对象并不一定是"二手车"，而是一个相对广泛的车辆群体。仅从字面上理解，二手车是指正在进行或者发生过产权转移的车辆，二手车鉴定评估自然也就是对这样一些车辆进行评估。其实不然，鉴定评估的目的是正确反映车辆的价值及其波动，为将要发生的经济行为提供公平的价格尺度，因此，从操作本身来看，二手车鉴定与评估就是对车辆进行鉴定和评估，而本书的鉴定与评估侧重于二手车交易方面。在现实操作中，对车辆进行鉴定和评估的目的主要有以下几点：

（1）车辆交易。车辆交易是二手车鉴定与评估最主要目的，也是最常见的。在二手车的交易过程中，买卖双方对交易价格的期望值是不同的。由二手车鉴定估价人员对待交易的车辆进行鉴定并估价，可作为双方议价的基础，促成交易的达成。评估师必须站在公正、独立的立场对交易车辆进行评估，提供一个评估值，作为买卖双方成交的参考价格。

（2）车辆置换。所谓的车辆置换是消费者用二手车的评估价值加上另行支付的车款从品牌经销商处购买新车的业务。目前国内的品牌经销商普遍都有开展这种"以旧换新"的置换业务。

（3）企业资产变更。在公司合作、合资、联营、分设、合并、兼并等经济活动中，车辆作为固定资产的一部分，在产权变更或其他资产评估时，也需要对其价值进行评估。

（4）车辆拍卖。法院罚没车辆、企业清算车辆、海关获得的抵税和放弃车辆、个人或单位的抵债车辆、公车改革的公务用车均须经过拍卖市场公开拍卖变现，拍卖前必须对车辆进行评估，为拍卖师提供拍卖的底价。

（5）抵押贷款。银行为了确保放贷安全，要求贷款人以一定的资产作为抵押，如果以在用汽车为抵押物，银行会根据汽车价值给予贷款人相适应的贷款。这个抵押物到底值多少钱，也只有经过评估才能确定。因此，需要专业评估人员对汽车的价值进行评估。汽车价格评估值的高低，对贷款人而言，则决定其可申请贷款的额度；对放贷者而言，评估的准确性在一定程度上影响着贷款回收的安全性。

（6）保险。出险车主因车辆损坏从保险公司所获得的赔付额最大不得超出出险前的车辆价值，故在购买车辆损失险时必须核定其现实价值，若购买值低于其评估值，则为不足额投保。

（7）司法鉴定。当事人遇到涉及车辆的诉讼时，委托鉴定估价师对车辆进行评估，有助于把握事实真相；同时，法院判决时，可以依据评估结果进行宣判，这种评估亦可由法院委托评估机构进行。此外评估机构亦接受法院等司法部门或个人的委托，鉴定和识别走私车、盗抢车、非法拼装车等非法车辆。

（8）修复价格评估。保险公司对已经出险的车辆也需要进行鉴定与评估，以确定更换部件的名称、数量、金额和修理部件的范围、工时定额费用及附加费，从而控制事故车辆总的修理费用，防止修理范围任意扩大。

由上可见，随着汽车与经济和社会活动联系的紧密以及功能的拓展，二手车鉴定评估行为已经不仅仅局限于二手车交易，已逐步渗透到社会的各个领域，成为资产评估的重要组成部分。

三、二手车市场

《二手车流通管理办法》中，将二手车的交易、经营、经纪等概念明确划分开来，规定：二手车交易是指二手车经营和直接交易活动；二手车经营是指二手车收购、销售、置换、拍卖、代理等经营活动；二手车经纪是指为二手车买卖双方提供信息咨询、撮合交易并收取佣金的中介服务活动；二手车交易市场和二手车经纪公司均不得参与二手车经营活动。在管理办法上对交易市场、经纪公司、经营公司、鉴定评估机构的职责和经营范围进行区分，保障了买卖双方的合法权益。

二手车交易是指买主和卖主进行二手车商品交换和产权的交易。由于政府对机动车辆实行严格的管理，二手车的产权只能在二手车市场中进行交易、转换。因而，为满足二手车的产权流动而建立的二手车产权交易市场，其主要业务就是接受产权交易双方委托并撮合成交，以及对二手车交易及产权转换的合法性进行审查。

狭义的二手车市场是指机动车商品二次流动的场所，它具有中介服务商和商品经营者的双重属性。具体而言，二手车交易市场的功能有：二手车鉴定评估、收购、销售、寄售、代购代销、租赁、置换、拍卖、检测维修、配件供应、美容装饰、售后服务，以及为客户提供过户、转籍、上牌、保险等服务。此外，二手车交易市场还应严格按国家有关法律、法规审查二手车交易的合法性，坚决杜绝盗抢车、走私车、非法拼装车和证照与规费凭证不全的车辆上市交易。

随着二手车市场的发展和壮大，二手车大卖场、二手车超市和二手车园区也在逐渐形成和发展。其主要功能是在一般二手车市场的基础上，引入了二手车品牌、汽车文化、科技、科普教育、展示、旅游、娱乐等多项功能。

广义的二手车市场则不仅仅局限于一个提供交易活动的场所，还包括买卖双方、交易的车辆这些客观主体及他们之间的交易关系，以及各种交易信息、政策法规等一切影响二手车交易的外部环境。

第二节　二手车行业发展概况

一、二手车行业在汽车产业中的地位和作用

二手车交易业务是汽车产业链最重要的组成部分之一，同时二手车交易也是一个可持续发展的产业，同样能创造大量的就业机会。二手车交易市场的繁荣程度是一个国家汽车流通领域是否发达成熟的重要标志。汽车市场越发达的国家和地区，二手车交易也越活跃，二手车交易量均超过新车销售量。一般来说，一个国家二手车交易市场的成熟程度与这个国家经济体制、经济发展水平、汽车工业的发展水平和汽车的保有量、交通管理政策、社会文化背景都有很大关系。

在汽车产业较成熟的国家和地区，汽车销售商的利润来源中，售后服务约占50%、汽车销售约占10%、零部件销售约占10%、二手车经营约占20%，这说明二手车行业的利润在汽车销售以及售后市场中处于较高水平。较高的利润水平有利于激励人们积极参与到这个行业中来，也有助于维持行业自身的持续发展。

不仅如此，二手车行业还对汽车产业链中其他环节也起着积极的作用。例如，二手车对新车销售有着积极的推动作用。在汽车行业发展成熟的地区，据统计，有70%左右购买新车的消费者是原来就有车的，购买新车往往是通过置换的方式进行的，因此，经销商们在销售新车的同时也提供二手车置换业务，提供更好的服务和优惠的二手车收购价格来吸引消费者以促成成交。二手车对新车销售的影响还不仅仅在于此，品牌厂商们已经注意到二手车的残值对其品牌的影响力。消费者在购买新车时不仅仅会考虑其新车价格性能等方面，还会考虑其残值的高低，因为几乎没有一个消费者会将一部车从新车一直使用到自然报废，使用一段时间以后就会将其卖掉，残值是其不得不考虑的一个重要问题，因此，品牌厂商们非常注重本品牌的二手车残值，通过各种手段来提高其二手车残值，从而提高消费者对本品牌的信任。

二、我国二手车行业发展状况

随着我国居民收入水平的不断提高，汽车保有量迅速增加。截至2021年底，我国汽车保有量高达3.02亿辆，位列世界第一。同时，我国也逐步进入频繁换车阶段。二手车交易日趋活跃，二手车市场也从北京、上海、广州、深圳等大城市，向中、小城市稳步推进。但我国汽车保有量还远未达到饱和状态，汽车进入家庭的时间还不长，大多数家庭还是刚刚购买了第一辆车，绝大多数还未到换车的时候，再加上许多车主接受不了较大幅度折旧，以及受排放标准政策等因素影响，二手车市场出现井喷式增长尚需时日。

但二手车市场仍然蕴涵着巨大的增长潜力，我国二手车市场将会在未来几年进入高速增长阶段。2021年我国的新车销售量2627万辆，二手车交易量1759万辆，新旧车销售比约为1.5∶1，与国外新旧车销售比约为2∶5相比，还有巨大差距，发展的潜力巨大。

我国二手车市场新的竞争态势逐渐形成，交易形式由集中交易模式向多元化主体经营模式转变，线下交易模式向线上线下混合交易模式转变，新老经营主体通过各种途径不断提升服务质量，以适应不断变化的市场需求。国家有关部委相继出台一系列有利于二手车市场规范发展的政策，二手车行业组织日渐成熟，这些都昭示我国二手车市场迈入了新的发展阶段，二手车市场要比新车市场更具拓展空间。

尽管如此，我国二手车交易还不是很完善。二手车行业是一个技术性较强、业务构成较复杂、涉及的部门较多的行业。整体上，我国二手车交易市场还存在发展水平偏低，交易量不大，价格偏高，交易功能单一，不够灵活，鉴定评估水平较低，缺乏整体的评估体系，流通领域缺乏健全的法规和科学的管理体系等问题。

1. 交易量不够大，价格偏高

我国经济发展水平还不够高，生活水平还刚开始向全面建成社会主义现代化强国方向努力，还没达到3～5年就换一次车的水平；同时规定的汽车报废年限也较长。这种种原因，导致进入二手车市场的汽车总量有限。相反，市场需求却较旺盛。特别是年青一代，对拥有一辆自驾车有着强烈的愿望。全国目前尚有1亿多人持有驾照但无车，其中绝大多数是青年人。因此，由于需求旺盛，二手车价格自然就会偏高。

二手车价偏高，利润空间就较大，利润较丰厚。目前经营新车的利润一般在10%以下（其中还包括汽车制造商返还的部分钱款），低的只有3%～5%。而二手车一般的经营利润均在10%以上，有的达20%，甚至更多。

2. 二手车市场交易体制不成熟，交易不规范

我国虽然相继出台了《汽车贸易政策》和《二手车流通管理办法》等一系列的相关法律法规，对规范二手车市场起到了重要作用。但二手车市场发展速度太快，加之二手车市场法制体系还不健全，目前已经出台的二手车交易相关法规还远不能满足二手车交易实际操作的需要，致使二手车市场目前不够规范。各地二手车交易市场在准入、交易方式、经营成本、经营利润等方面都存在差异，从而导致了各地交易市场的业务主要是面向本地区，妨碍了二手车的异地流通。

3. 不诚信现象时有发生

目前还未建立起全国统一的二手车交易信息网系统，车辆的合法性信息、维修信息、事故记录信息等缺乏公开、透明的环境，因此二手车市场目前还是一个信息很不对称的市场，其结果必然导致二手车交易过程中不诚信的现象时有发生。

4. 二手车交易形式相对落后，售后服务体系不完善

近年来，国家有关部委发布了一系列有利于规范二手车市场的政策法规，从而打破了过去经营主体单一的模式，而向经营主体多元化格局转变。但二手车交易市场的管理水平仍然参差不齐，许多市场管理者素质较低，经营管理手段落后，严重阻碍了二手车市场健康、有序、快速发展。同时，我国二手车售后服务体系尚未建立，二手车售后服务的缺失已在一定程度上影响了消费者购买二手车的信心，这势必阻碍二手车市场的健康发展。

5. 评估质量不高，缺乏市场认可的评估体系

为了使二手车鉴定评估更加公开、透明，维护交易双方权益，根据有关文件，各地相继成立了一批专业的鉴定评估机构，对评估师也进行了专业培训。虽然我国出台了国家二手车鉴定评估标准，但该评估标准与市场现状有较大的出入，因此目前还存在评估师的执业水平参差不齐甚至良莠混杂，评估结果缺乏科学依据、差别很大的情况，与现实的市场情况相背，难以为公平的市场交易提供价值尺度。评估师的培训内容变化不大，且部分评估师缺乏与时俱进的精神，没有很好地去总结经验，跟踪市场，研究深化鉴定评估的理论、方法和技巧。

三、国际二手车行业发展状况

纵观美国、日本、德国、法国和韩国等汽车生产大国二手车交易市场的情况，可以看出这些国家由于汽车工业高度发达、汽车保有量很大，其二手车交易量也很大，二手车市场的发育也很成熟，相关政策健全、完善，如拥有健全的中介组织、完善的税收政策、方便的转籍过户、科学的鉴定评估等。二手车交易利润高、数量大、价格低、发展潜力大、经营方式灵活多样、售后服务规范、政府管理、行业自律等成为其主要特点。

美国号称是装在轮子上的国家，是汽车生产销售大国。2021年底，美国总人口约3.3

亿人，汽车保有量约为 2.8 亿辆，2021 年美国新车销售量约 1500 万辆，二手车销售量为 4090 万辆，两者之比约为 1∶2.7。图 1-1 是近年来美国新车和二手车交易量趋势。（注：二手车数据来源于 Edmunds，新车数据来源于 WardsAuto）

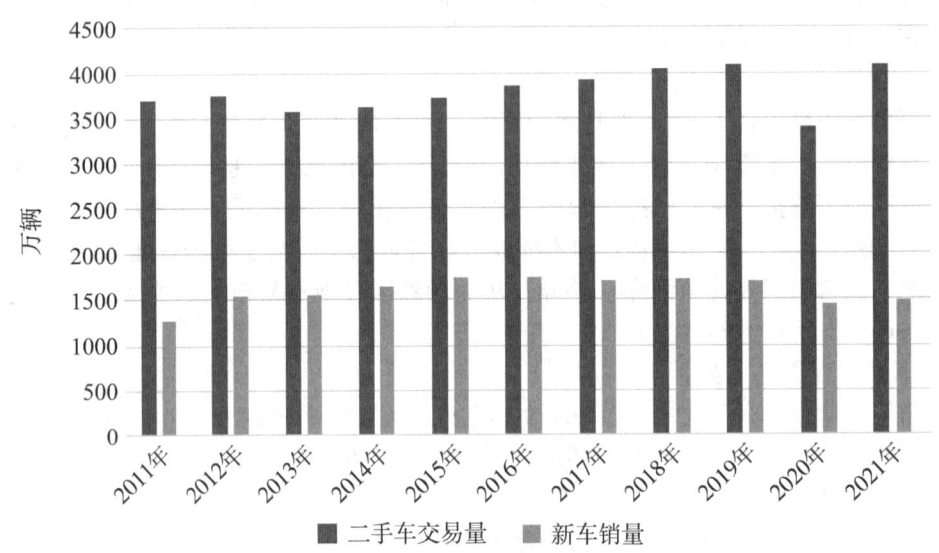

图 1-1　美国近年新车销售量和二手车交易量

韩国早在 2001 年，二手车销售量就突破 200 万辆，达到新车销售量的 2 倍。2020 年韩国二手车销量为 395 万辆。实际上韩国在 1998 年二手车交易量才开始超过新车，可见其二手车市场发展之快。日本 2020 年新车销量为 460 万辆，二手车销售量为 687 万辆，超过了新车销售量。同时日本每年还向海外输出超过 100 万辆二手车。

德国、英国和法国的情况也基本类似，二手车的交易量均超过新车交易量的一倍多。英国二手车销售量占新旧汽车总交易量的 70% 左右。

西方工业发达国家，二手车价格普遍低廉，但利润却远远超过新车。一般来说，二手车利润在 15%～20%，而新车利润则只有 5%～10%。发达国家二手车交易之所以活跃，交易量大，利润较高，主要还是因其价格低廉。在新西兰一辆使用 3～4 年、行驶里程 10 万公里的日产高级轿车，其价格不足 2 万元人民币，过户费只相当约 25 元人民币，印花税为车价的 4%。在英国买二手车是很普通的事情，二手车价格一般在 300～5 000 英镑不等。而适合一个普通家庭的二手车，其价格则在 2 000 英镑左右。

在这些工业发达国家，汽车更新周期短，更换频率高，二手车供应量大，一般均大于需求量，这便是二手车售价低的一个重要原因。另外，这些国家的大部分人卖车并不是因为养不起车，在普遍比较殷实富足的情况下，要卖的车相对于收入或其他资产来说不算特别贵重，人们并不十分在意以相当低的价格委托给经销商，这就是经销商利润较高而二手车的价格比较低的又一重要原因。此外，在售的二手车使用时间均不太长，技术状态均比较好，且路况好，保养规范，假冒伪劣的配件较少，法定安全标准有保障，这些都是物美价廉的二手车大行其道的原因。

第三节　二手车交易模式

二手车交易模式目前主要分为线下交易模式、线上交易模式及线下线上混合式交易模式等三种。

一、线下交易模式

线下交易模式指的是通过线下的方式进行交易。线下交易的优点是比较直观，能看到实车，对实车可以全方位考察，用第三方检测等手段，更能保障车况的准确性和可靠性。线下买车价格也有一定的商量余地。出现售后问题的话，一般也可以找到解决问题的途径。缺点则是线下市场比较分散，需要买家实地考察，车型选择也要弱于线上。一般都是在本地找车或者附近城市找车。对迁入排放有限制的省份和城市，线下买车的范围就是本省或本市内的市场。相对于线上来说，时间成本比较大。

线下交易则可分为超市模式、主机厂经销商模式、独立二手车经销商及中介模式等。

（1）超市模式。一般是指企业直营模式，企业由同一个资本及同一总部集权性管理机构统一领导，进行共同经营活动的经营模式。企业的所有门店在总部的直接领导下统一经营，总部对各门店实施人、财、物及商流、物流、信息流等方面的统一管理。超市模式主要存在于较成熟且成规模的二手车市场。这种二手车交易市场的车源较为充足，品种也比较多，质量较为有保障，价格略高于其他交易模式。如深圳市澳康达名车广场有限公司就属于典型的二手车超市模式。

（2）主机厂经销商模式。主要是指主机厂或主机厂授权的经销商进行二手车交易的模式。该模式主要通过二手车置换新车或二手车置换二手车的方式进行二手车交易。该模式周期短、时间快且品质有保证、风险小，但该模式品牌较为单一，选择性较少。如一汽－大众奥迪"品荐二手车"就是该模式。

（3）独立二手车经销商模式。主要是指二手车经销商在二手车市场（中心）进行二手车交易的模式。该模式是我国目前线下二手车交易的最主要模式，该模式可选择的品牌车型较多，竞争较为激烈，价格相对较低，但该模式经销商规模普遍较小且标准不一、售后服务不完善，部分商家缺乏诚信。

（4）中介模式。主要以二手车经纪公司为主，二手车经纪人在二手车交易活动中，以收取佣金为目的，为促成交易而从事居间、行纪或者代理等经纪业务。该模式主要促成私下交易，或促成二手车经销商与个人之间的交易。该模式交易较为便利，且收取费用较少，但该模式缺乏质量保障。

二、线上交易模式

所谓的线上交易，主要是指在网络的虚拟环境上进行的交易，类似于现实世界当中的商店，差别是利用电子商务的各种手段，达成从买到卖的过程的虚拟交易。

由于二手车产业链长，流通环节多，电商平台针对二手车的生产、流通和消费3个阶段进行细分。目前我国二手车线上交易主要的运营模式可以分为4类：整合个人用车的C2B（consumer to business，在英文中的2发音同to）模式、车企到经销流通的B2B模式、连接车企与消费者的 B2C 模式、服务个人买家与卖家的 C2C 模式,见表 1-1。

表 1-1 线上二手车交易模式

分类	运营模式	卖方	买方	代表企业
2B	B2B	车企/经销商/租车企业等企业	二手车经销商/二手车零售商/二手车批发商等企业	优信拍、车易拍、汽车街
	C2B	个人车主	二手车经销商/二手车零售商/二手车批发商等企业	车置宝、开新、天天拍车、迈迈车、共享二手车
2C	B2C	二手车经销商/二手车零售商/二手车批发商等企业	个人买家	优信二手车、淘车、卖好车、车主二手车
	C2C	个人车主	个人买家	瓜子二手车、人人车

线上交易最大的优点就是交易省时、省力,买车方便、不受时空的约束,车源多且各个档次的车辆都有。缺点则是一般来说没法看到实物,无法核实真实车况信息,只能寄希望于商家的诚信。买车成交后,如果后续出现问题,消费者作为弱势一方,维权比较困难。平台的背后是资本,对资本来说,重要的是利润,各种有利于利润的方法都有可能会出现。总体来说,线上平台的诚信有可能不如大的诚信线下商家。

三、混合式交易模式

混合式交易模式即线上线下交易模式,简称 O2O 模式(online to offline),又称离线商务模式,是指线上营销、线上购买或预订(预约)带动线下经营和线下消费。O2O 通过打折、提供信息、服务预订等方式,把线下二手车商和车辆的消息推送给互联网用户,从而将他们转换为自己的线下客户,这特别适合二手车大宗商品交易的行业。

O2O 有三个特点:交易在线上进行,消费服务在线下进行,营销效果可监测。

对二手车购买用户而言,O2O 模式将获取更丰富、全面的二手车商家及其服务的内容信息,更加便捷地向商家在线咨询并进行预购,获得相比线下直接消费较为便宜的价格。

对二手车商家而言,O2O 模式则能够获得更多的宣传、展示机会,吸引更多新客户到店消费;推广效果可查、每笔交易可跟踪;掌握用户数据,大大提升对老客户的维护与营销效果;通过与用户的沟通、释疑,更好地了解用户心理;通过在线有效预订等方式、合理安排经营以节约成本;降低线下实体对黄金地段旺铺的依赖,大大减少租金支出。

对平台而言,O2O 模式则能给用户带来便捷、优惠、消费保障等作用,能吸引大量高黏性用户;对商家有强大的推广作用及其可衡量的推广效果,可吸引大量线下二手车商家加入;数倍于 C2C、B2C 的现金流;巨大的广告收入空间及形成规模后更多的盈利模式。

第四节　二手车鉴定评估与交易从业分析

一、二手车行业从业岗位

按照最新的《国家职业分类大典》，与二手车行业直接相关的有"机动车鉴定评估师""二手车经纪人""二手车整备工"等三个职业工种。

机动车鉴定评估师是指从事机动车鉴定和价值评估、机动车质量与技术鉴定等工作的人员。

二手车经纪人则定义为在二手车交易活动中以收取佣金为目的，促成交易而从事居间、行纪或者代理等经纪业务的人员。二手车经纪人广义上还包括二手车收购人员、二手车销售人员、二手车拍卖人员等。

二手车整备工则指对二手车因安全、性能、美观等需要而进行整理和调整的人员。

其中机动车鉴定评估师对技术要求最为严格，以下简单介绍机动车鉴定评估师的能力要求和素质要求。

二、机动车鉴定评估师能力要求

随着二手车市场的迅猛发展，二手车市场存在的许多问题日益突显。其中比较突出的问题就是规范二手车定价。我国二手车市场从业人员存在技术素质参差不齐、缺乏有效的统一标准、缺乏经验、缺乏职业道德等问题。特别是在二手车估价这一中心环节上，有的二手车交易市场缺少合格的专业鉴定评估师，估价随意性较大，定价不太合理，广大消费者的合法权益不能得到保障，企业权益和国家利益常常受到不同的侵害。这就要求充分认识、提高二手车鉴定评估师素质的重要性和迫切性，使其发挥更大作用。

二手车鉴定估价人员的素质直接影响着二手车价格评估工作的质量。一名合格的二手车鉴定估价人员应具备的素质主要体现在政策理论素质、业务素质和思想品德素质三个方面。

1. 政策理论素质

①掌握马克思主义的基本理论，能运用马克思主义的立场、观点和方法分析和解决问题。

②有一定的资产评估业务理论，熟悉资产评估基本原理和基本方法。

③有一定的政策水平，熟知国家有关二手车交易的政策法规和国家在各个时期的路线、方针和政策。

2. 业务素质

①具有较广的知识面。二手车鉴定估价涉及的知识面广，它不仅要求鉴定估价人员具备财会、经济管理、市场、金融、物价等经济学科方面的知识，同时还要求鉴定估价人员具有工程技术、计算机操作方面的知识。鉴定估价人员具有较全面的知识结构，才能胜任二手车的鉴定估价工作。

②具有娴熟的评估技巧和计算能力。

③具有较高的收集、分析和运用信息资料的能力。

④具有准确的判断能力。二手车鉴定估价的过程,就是一个对二手车技术状况进行判断、鉴定,从而对其价格进行估算的过程。

3. 思想品德素质

思想品德素质包括以下内容:热爱祖国,坚持四项基本原则,拥护改革开放的方针政策,遵纪守法,公正廉洁。鉴定估价人员只有具备较高的思想品德素质,才能在评估工作中自觉履行自己的职责和义务,恪守职业道德,全心全意为客户服务。

三、机动车鉴定评估师素质要求

近年来,我国二手车交易日趋活跃,机动车鉴定评估师已成为市场稀缺的热门职业之一。

机动车鉴定评估师是指运用目测、路试及借助相关仪器设备对二手车的技术状况进行综合检验和检测,结合车辆相关文件资料对二手车的技术状况进行鉴定,并根据评估的特定目的,依据二手车鉴定评估定价标准等一系列科学方法来确定二手车价格的专业技术人员。

在二手车交易中,大部分车主和买主都不能客观地对车辆的现值做出确定,因此,需要第三方能够本着公正、科学、专业的原则,对交易车辆的价格做出一个合理的估算,提供一个交易双方都认可的评估值。能够承担起这个责任的就是二手车鉴定估价师。所以,二手车鉴定评估师对车辆的评估是二手车交易中一个必不可少的环节,二手车鉴定评估师在车辆交易中有着重要的地位。

首先大致介绍一下我国目前最为常见的二手车交易业务基本工作过程,如图1-2所示。

首先买方(或收购方)核对查验待交易(或待评估)车辆的各项证件,看是否齐全有效,并确认品牌车型基本配置标准;然后,通过各项技术手段对车辆技术状态进行客观的鉴定,鉴定完毕后根据该车具体情况综合计算其价值,经双方谈判并取得一致后达成交易,签订协议;最后进行产权的转移,也就是办理过户手续。在当前的实际操作过程中,除了过户手续不需要鉴定评估师直接介入以外,其他工作均需要由鉴定评估师来完成。至于过户手续,作为交易中不可缺少的一个环节,评估师也必须有所了解。

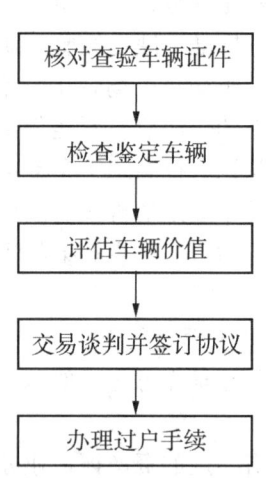

图1-2 二手车交易业务基本工作过程

通过以上分析,结合二手车鉴定评估师的工作内容及要求,以及未来二手车行业发展趋势,二手车鉴定评估师要担负的使命为:为二手车交易双方展开公正和公平的交易进行车辆鉴定和价格评估,逐渐覆盖到二手车交易过程中的各个相关环节,成为一种涵盖汽车产品的技术评定、产品估价、交易代理等一体的具有综合技能的专业人员。据此,提出如图1-3所示的三大主要技能要求。

一名合格的二手车鉴定评估人员必须具备多方面的知识。其中技能方面主要包括:

(1)汽车技术技能:主要包括汽车维修及检测技能,要求评估人员能够很准确、迅速地判断出车辆当前的技术使用状况,并能准确提出修复意见及相关费用;准确鉴定出车

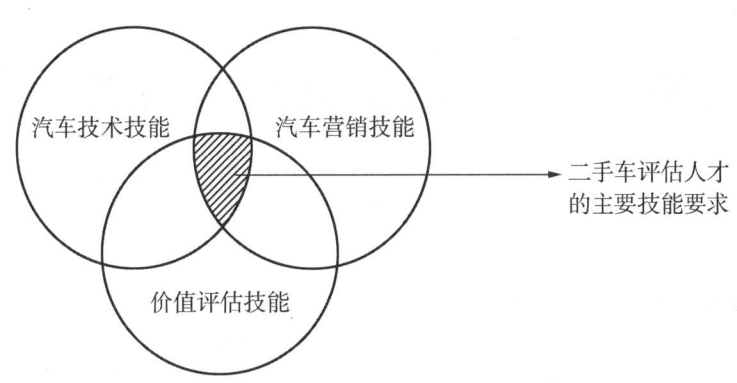

图1-3 二手车评估人才主要技能要求

辆既往事故状况以及泡水、燃烧等外力因素造成的车辆不可修复的损伤。由于评估车辆会涉及多年前推出的历史车型,因此还必须熟悉这些车型的历史及其技术特点。除此之外,还必须掌握一定的车辆美容整备技能。

(2)汽车营销技能:要求评估师能够对汽车行情(包括新车以及旧车)的市场状况、供需关系进行分析判断,结合技术鉴定结论提出符合市场状况的合理价格,并规避新车降价而带来的二手车价格风险。而且,评估人员评估的最终目的往往是为了达成交易,而不仅仅是为了评估,因此,为促成交易,评估人员还必须具备良好的沟通能力和谈判技能。

(3)价值评估技能:二手车行业属于资金密集型行业,掌握价值规律对于正确决策尤为重要。当前,由于交易量不够大,市场不够成熟,信息不够对称,交易人员定价较随意,存在投机心态,交易价格往往会偏离合理的价值范围;但当交易量达到一定程度,市场趋于成熟,拥有大量购买者和大量出售者时,价格将会趋于合理,发现并掌握其价值规律对于采取正确决策有着非常重要的作用。

除此之外,一名合格的二手车鉴定评估人员还必须具备其他方面的知识,例如熟悉国家关于二手车交易的政策法规、了解各种车辆及证件的管理制度及其真假识别等,以及良好的职业素养、诚信的服务态度。

因此,本教材的编写内容是按照二手车交易业务的基本工作过程及二手车鉴定评估师主要技能要求而进行,大致分为以下几部分:二手车鉴定与评估基础、汽车技术状况鉴定、二手车价值评估、二手车交易实务。

复习思考题

1. 什么是二手车?
2. 汽车鉴定与评估的目的主要有哪些?
3. 简述二手车交易的基本过程。
4. 目前二手车交易模式有哪些?
5. 机动车鉴定评估师的工作内容主要是什么?
6. 机动车鉴定评估师需要具备哪些基本技能?

第二章　二手车鉴定评估基础

【本章学习目标】

素质(思政)目标：
- 培养学生独立的学习和分析能力；
- 培养学生认真负责、严谨细致的工作态度和工作作风；
- 培养学生爱岗敬业的社会价值观；
- 培养学生吃苦耐劳的劳动精神；
- 培养学生法制意识和精神。

知识目标：
- 了解机动车不同的分类方法；
- 掌握我国对机动车管理的各种证件、单据类别及其真伪鉴别；
- 了解车辆识别代码的意义及编码规则；
- 熟练掌握我国现行各类机动车的使用寿命和报废标准；
- 了解汽车评价的主要技术指标。

能力目标：
- 能够按不同的方法对车辆进行分类；
- 能够准确找出和识别车辆VIN码；
- 能够辨别我国对机动车管理的相关证件和单据真伪；
- 能够辨识车辆的主要性能。

第一节　汽车分类

依据国家标准GB7258—2017《机动车运行安全技术条件》，汽车定义为由动力驱动、具有4个或4个以上车轮的非轨道承载的车辆，包括与电力线相联的车辆；主要用于载运人员和(或)货物(物品)，牵引载运货物(物品)或特殊用途，专项作业。汽车分类方法有许多种，主要是按燃料类型、车辆用途和结构以及按有关标准等来分类。

一、按使用燃料分类

1. 汽油车

装备以车用汽油为单一燃料的发动机的汽车。

2. 柴油车

装备以车用柴油为单一燃料的发动机的汽车。

3. 气体燃料汽车

装备以石油气、天然气或煤气等气体为燃料的发动机的汽车。

4. 两用燃料汽车

具有两套相互独立的燃料供给系统，一套供给天然气或液化石油气，另一套供给天然气或液化石油气之外的燃料，两套燃料供给系统可分别但不可共同向气缸供给燃料的汽车，如汽油/压缩天然气两用燃料汽车、汽油/液化石油气两用燃料汽车等。

5. 双燃料汽车

具有两套燃料供给系统，一套供给天然气或液化石油气，另一套供给天然气或液化石油气之外的燃料，两套燃料供给系统按预定的配比向气缸供给燃料，在缸内混合燃烧的汽车，如柴油－压缩天然气双燃料汽车、柴油－液化石油气双燃料汽车等。

6. 纯电动汽车

由电动机驱动，且驱动电能来源于车载可充电蓄电池或其他能量储存装置的汽车。

7. 混合动力汽车

能够至少从下述两类车载储存的能量中获得动力的汽车：

①可消耗的燃料；

②可再充电能/能量储存装置。

8. 燃料电池汽车

以燃料电池作为动力电源的汽车。

二、按汽车用途分类

依据国家标准 GB/T 3730.1—2001《汽车和挂车类型的术语和定义》分为乘用车和商用车两大类。

1. 乘用车

依据标准，乘用车可定义为：在其设计和技术特性上主要用于载运乘客及其随身行李和(或)临时物品的汽车，包括驾驶员座位在内最多不超过9个座位。它也可牵引一辆挂车。常见的乘用车包括普通乘用车、活顶乘用车、高级乘用车、小型乘用车、敞篷车、仓背乘用车、旅行车、多用途乘用车、短头乘用车、越野乘用车、专用乘用车等。

2. 商用车

在设计和技术特性上用于运送人员和货物的汽车，并且可以牵引挂车。主要包括客车、半挂牵引车、货车。

三、按发动机位置和驱动方式分类

1. 发动机前置前轮驱动(FF)

发动机前置前轮驱动是在汽车上常见的布置形式，具有结构紧凑、减小汽车质量、降低车身地板高度、改善高速行驶时的操纵稳定性、动力传递效率高等特点。现在紧凑汽车大多以这种形式来布置，但也有部分中高级汽车为获得更大的车内空间而采用这种布置，如大众迈腾、丰田凯美瑞和奥迪 A3 等。

2. 发动机前置后轮驱动(FR)

发动机前置后轮驱动是传统的布置形式。优点是维修发动机方便，离合器和变速器操纵机构简单，货厢地板高度低，前、后轮的轴荷分配比较合理；缺点是传动轴较长，影响传动效率。这种布置形式大多被高级或大型汽车所采用，代表车型有宝马3系、奔驰C级等。

3. 发动机后置后轮驱动(RR)

发动机后置后轮驱动是目前大、中型客车盛行的布置形式，具有降低室内噪声、有利于车身内部布置等优点。少数其他汽车也采用这种形式。

4. 发动机中置后轮驱动(MR)

发动机中置后轮驱动是目前大多数跑车及方程式赛车所采用的形式。由于汽车采用功率和尺寸很大的发动机，将发动机布置在驾驶员座椅之后和后轴之前有利于获得最佳轴荷分配和提高汽车性能。常见于一些高性能跑车。

5. 四轮驱动汽车(4WD)

四轮驱动汽车又分为全时四轮驱动汽车、分时四轮驱动汽车和适时四轮驱动汽车。

全时四轮驱动通常发动机前置，在变速器后面装有分动器，以便将动力分别输送到全部车轮上，如 JEEP 牧马人等越野车。它可以实现车辆高速过弯时每个车轮分配到最佳的驱动力。全时四轮驱动的结构相对复杂，成本较高，占用的空间也比较大。

分时四轮驱动技术较成熟，结构也简单，可靠性较好，加上其不用装配中央差速锁，成本要比全时四轮驱动低得多。在正常驾驶时采用两轮驱动的模式，经济性更高，灵活性也更出色；而在路况恶劣的情况下，选择四轮驱动又可以提高车辆的通过性。但分时四轮驱动汽车在正常铺装路面上行驶时会因为前后轴的转速差导致转向干涉，且分时四轮驱动需要手动操作，便捷性不如全时四轮驱动。

适时四轮驱动的结构比全时四轮驱动简单得多，不仅可以有效降低成本，还有利于降低整车重量。不过适时四轮驱动也存在越野能力较差问题。

四、按公安机关管理分类

为了便于机动车辆技术检验、核发牌证以及进行专门管理，公安机关根据目前我国汽车工业标准和公安机关管理的需要，依据公安部标准 GA802—2019《道路交通管理 机动车类型》，将汽车分类如表 2-1 所示：

表 2-1　机动车规格术语分类表

分类			说明
汽车	载客汽车	大型	车长大于或等于 6000mm，或者乘坐人数大于或等于 20 人的载客汽车
		中型	车长小于 6000mm 且乘坐人数为 10~19 人的载客汽车
		小型	车长小于 6000mm 且乘坐人数小于或等于 9 人的载客汽车，但不包括微型载客汽车
		微型	车长小于或等于 3500mm 且内燃机气缸总排量小于或等于 1000 mL（对纯电动汽车为驱动电机总峰值功率小于或等于 15kW）的载客汽车
	载货汽车	重型	总质量大于或等于 12000kg 的载货汽车
		中型	车长大于或等于 6000mm 的载货汽车，或者总质量大于或等于 4500kg 且小于 12000kg 的载货汽车；但不包括重型载货汽车和低速货车
		轻型	车长小于 6000mm 且总质量小于 4500kg 的载货汽车，但不包括微型载货汽车和低速汽车（三轮汽车和低速货车的总称）

续表2-1

分类		说明
汽车	载货汽车 微型	车长小于或等于3500mm且总质量小于或等于1800kg的载货汽车，但不包括低速汽车
	载货汽车 三轮（三轮汽车）	以柴油机为动力，最大设计车速小于或等于50km/h，总质量小于或等于2000kg，长小于或等于4600mm，宽小于或等于1600mm，高小于或等于2000mm，具有三个车轮的货车。其中，采用方向盘转向、由传动轴传递动力、有驾驶室且驾驶人座椅后有物品放置空间的，总质量小于或等于3000kg，车长小于或等于5200mm，宽小于或等于1800mm，高小于或等于2200mm。三轮汽车不应具有专项作业的功能
	载货汽车 低速（低速货车）	以柴油机为动力，最大设计车速小于70km/h，总质量小于或等于4500kg，长小于或等于6000mm，宽小于或等于2000mm，高小于或等于2500mm，具有四个车轮的货车。低速货车不应具有专项作业的功能
	专项作业车	专项作业车是指装置有专用设备或器具，在设计和制造上用于工程专项（包括卫生医疗）作业的汽车，但不包括装置有专用设备或器具而座位数（包括驾驶人座位）超过9个的汽车（消防车除外）。专项作业车的规格分为重型、中型、轻型、微型，具体按照载货汽车的相关规定确定

五、按收费公路车辆通行费分类

行标JT/T489—2019《收费公路车辆通行费车型分类》明确了客车、货车及专项作业车三种类型车辆的通行费车型分类，其中客车和货车车型分类如表2-2所示。

表2-2 收费公路车辆通行费客货车车型分类

类别	车辆类型	规格	类别	总轴数（含悬浮轴）	规格
1类客车	微型小型	≤9座 且车长<6000mm	1类货车	2	车长<6000mm且最大允许总质量<4500kg
2类客车	中型	10～19座 且车长<6000mm	2类货车	2	车长<6000mm且最大允许总质量≥4500kg
	乘用车列车	—	3类货车	3	
3类客车	大型	≤39座 且车长≥6000mm	4类货车	4	
4类客车		≥40座 且车长≥6000mm	5类货车	5	
			6类货车	6	

六、德国和美国的分级标准

1. 德系分类标准

德国车分为 A00、A0、A、B、C、D 等级别。其中 A00 级车是指微型车，A0 级车是指紧凑型车，A 级车是指小型车，B 级车是指中型车，C 级车是指中大型车，而 D 级车指的则是大型车，其等级划分主要依据轴距、排量、重量等参数进行。

A00 级车：轴距在 2m 至 2.2m 之间，发动机排量小于 1L。

A0 级车：轴距在 2.2m 至 2.3m 之间，发动机排量为 1 L 至 1.3 L。

A 级车：轴距在 2.3m 至 2.45m 之间，发动机排量为 1.3 L 至 1.6 L。

B 级车：轴距在 2.45m 至 2.6m 之间，发动机排量为 1.6 L 到 2.4 L。

C 级轿车：轴距在 2.6m 至 2.8m 之间，发动机排量为 2.3 L 至 3.0 L。

D 级车：大多外形气派，车内空间极为宽敞，发动机动力也非常强劲，其轴距一般均大于 2.8m，发动机排量基本都在 3.0 L 以上。

2. 美系分类标准

以通用汽车公司的分类标准为例。通用公司一般将乘用车分为 6 级，它是综合考虑了车型尺寸、排量、装备和售价之后得出的分类。

（1）Mini 级：一般指发动机排量在 1L 以下乘用车。

（2）Small 级：一般是发动机排量在 1.0～1.3L，处于我国紧凑型车级别的低端车型。

（3）Lowmed 级：一般是发动机排量在 1.3～1.6L 乘用车。

（4）Interm 级：和德国 B 级车的低端车型基本吻合。

（5）Upp–med 级：涵盖德国 B 级车的高端车型和 C 级车的低端车型。

（6）Large/Lux 级：涵盖德国 C 级车的高端车型和 D 级车。

第二节　车辆识别代号

一、车辆识别代号（VIN）的意义和作用

世界各国汽车公司生产的汽车大部分都使用车辆识别代号（vehicle identification number, VIN）来标识其生产的汽车。"车辆识别代号"由一组字母和阿拉伯数字组成，共 17 位，又称 17 位识别代号编码。它是识别一辆汽车不可缺少的工具。VIN 码的每一位代表着汽车某一方面的信息参数，从 VIN 码可以识别出该车的生产国别、制造公司或生产厂家、车的类型、品牌名称、车型系列、车身形式、发动机型号、车型年款、安全防护装置型号、检验数字、装配工厂名称和出厂顺序号码等。17 位代号编码经过排列组合的结果可以使车辆生产在 30 年之内不会发生重号现象，就像我们的身份证号码一样，不会产生重号错认，故又称为"汽车身份证"。

二、车辆识别代号管理规则

为加强车辆生产企业及产品管理,规范车辆识别代号的管理和使用,依据国家标准《道路车辆 车辆识别代号(VIN)》(GB 16735—2019),对 VIN 的规定如下。

(一)基本要求

(1)每辆车辆都应具有唯一的车辆识别代号,并永久保持地标示在车辆上,且除规定的情况外,不得对已标示的车辆识别代号进行变更。

(2)车辆应至少有一个车辆识别代号直接打刻在车架能防止锈蚀、磨损的部位上。

(3)具有电子控制单元的汽车,其至少有一个电子控制单元应不可篡改地存储车辆识别代号。

(4)车辆识别代号直接打刻在车辆上;或通过标签粘贴在车辆上;或通过不可篡改的方式将符合相应标准规定的电子控制单元存储器内的方式进行标示。

(5)车辆识别代号采用直接打刻的方式进行直接标示时,其字码的字体和大小应相同,字体的大小和格式等应符合标准要求。

(6)车辆识别代号在文件上表示时应写成一行,但不要空格,其字体和格式等应符合标准要求。

(7)车辆识别代号仅应使用下列阿拉伯数字和大写罗马字母:
1 2 3 4 5 6 7 8 9 0 A B C D E F G H J K L M N P R S T U V W X Y Z

(二)基本内容与构成

VIN 由 17 位字码构成,分为三部分:世界制造厂识别代号(world manufacturer identifier, WMI)、车辆说明部分(vehicle descriptive section, VDS)、车辆指示部分(vehicle indicator section, VIS),如图 2-1、图 2-2 所示。

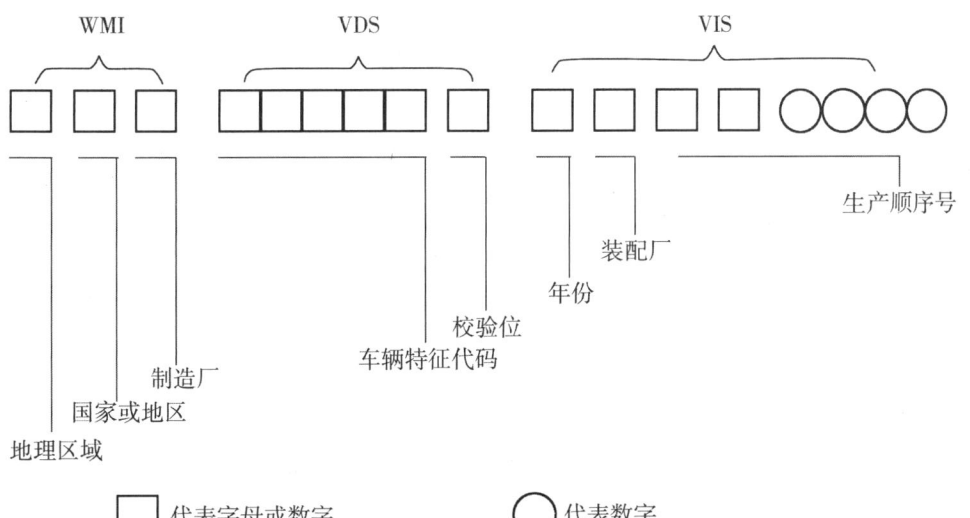

图 2-1 年产量≥1000 辆的车辆制造厂 VIN 结构示意图

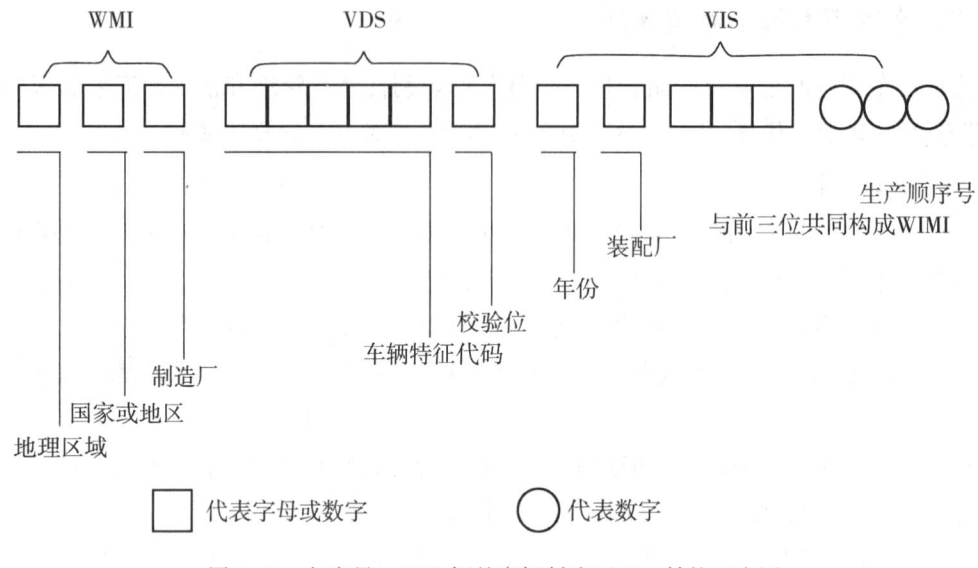

图 2－2　年产量＜1000 辆的车辆制造厂 VIN 结构示意图

1. 世界制造厂识别代号(WMI)

WMI 由三位字码组成，由授权机构为车辆制造厂分配一个或几个 WMI 代号。

(1) WMI 第一位字码是标明一个地理区域的字母或数字，由国际代理机构分配。

(2) WMI 第二位是标明一个特定地区内的一个国家的字母或数字，也是由国际代理机构分配。

(3) 通过第一位和第二位字码的组合使用可以确保对某个国家或地区的唯一识别码。其中分配给中国的字码组合为 L0～L9、LA～LZ、H0～H9、HA～HZ。

(4) WMI 第三位字码是标明某个特定的制造厂的字母或数字。

第一、二、三位字码的组合能保证车辆制造厂识别的唯一性。

世界制造厂识别代号的授权机构应在第三位字码上使用数字 9 来识别所有年产量＜1000 辆的制造厂，对于此类车辆制造厂 VIN 码的第十二、十三、十四位字码应由授权机构指定，确保对车辆制造厂的唯一识别。

2. 车辆说明部分(VDS)

车辆说明部分由六位字码组成，如果制造厂不用其中的一位或几位字码，应在该位置填入制造厂选定的字母或数字占位。此部分应对车辆一般特性进行描述，其组成代号及排列次序由车辆制造厂决定。

车辆一般特征包括但不限于车辆类型、车辆结构特征、车辆装置特征、车辆技术特征参数。VDS 的最后一位为检验位。

3. 车辆指示部分(VIS)

车辆指示部分由八位字码组成，其最后四位字码应是数字。

(1) 第一位(即 VIN 码第十位)字码应代表年份，年份代码按表 2－3 循环使用(每 30 年循环一次)。

表2-3 年份代码

年份	代码	年份	代码	年份	代码	年份	代码
1991	M	2001	1	2011	B	2021	M
1992	N	2002	2	2012	C	2022	N
1993	P	2003	3	2013	D	2023	P
1994	R	2004	4	2014	E	2024	R
1995	S	2005	5	2015	F	2025	S
1996	T	2006	6	2016	G	2026	T
1997	V	2007	7	2017	H	2027	V
1998	W	2008	8	2018	J	2028	W
1999	X	2009	9	2019	K	2029	X
2000	Y	2010	A	2020	L	2030	Y

（2）第二位字码可用来指示装配厂，若无装配厂，制造厂可规定其他的内容。

（3）如果制造厂生产某种类型的车辆年产量≥1000辆，第三至第八位字码表示生产顺序号；如果制造厂的年产量<1000辆，则此部分的第三、四、五位字码应与第一部分的三位字码一起来表示一个车辆制造厂。

（三）国产车辆识别代号编码举例

现以一汽奥迪汽车有限公司车辆识别代号编码 LFV5A14G8K3000001 为例，说明如下：

第一至三位是汽车生产国别和企业工厂代码：

LFV 是制造商识别码，为一汽大众汽车有限公司；

第四至八位是车辆特征代码：

第四位 5 代表发动机的排量为 $2.4<L≤2.8$；

第五位 A 代表车身类型为四门折背式；

第六位 1 代表汽油手动变速器；

第七、八位 4G 代表 A6（C7）；

第九位 8 为检验码；

第十位是生产年份，K 代表生产年份为 2019 年；

第十一位是工厂代码，3 代表中国长春一汽大众汽车有限公司；

第十二到十七位为生产顺序号码。

三、VIN 码标牌的位置

为了使车辆的 VIN 码容易被查找到，ISO 国际标准和各国的标准中都规定了 VIN 码标牌的固定位置，但各个国家规定的位置不尽相同。例如，美国规定 VIN 码应安装在仪表板左侧，在车外透过挡风玻璃可以清楚地看到。而欧盟则规定 VIN 码应安装在汽车右侧的底盘车架上或刻在车辆铭牌上。为防止车辆盗窃后的拆件交易，美国高速公路交通安全管理局（NHTSA）还规定：乘用车、MPV及轻型卡车的主要零部件（如发动机、变速器、保险杠、翼子板等）上必须标记车辆的VIN码。图2-3和图2-4是各种车型主要零部件上的VIN码部位。

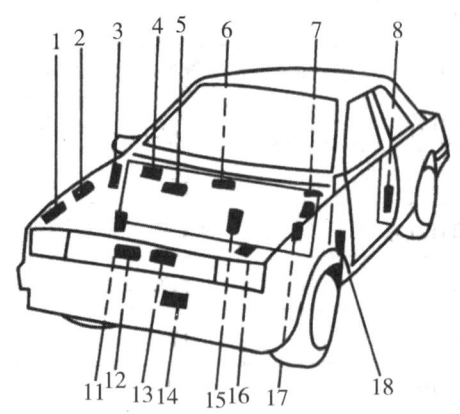

图2-3　主要零部件上的VIN码

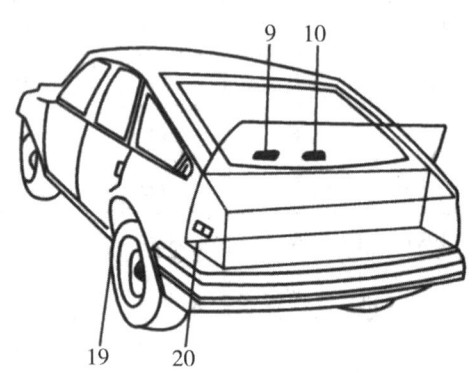

图2-4　主要零部件上的VIN码

例如宝马公司的标牌位置为1、2、15、17位置，本田为6和8。

我国标准GB16735—2019《道路车辆　车辆识别代号（VIN）》中对VIN码的位置规定如下：

（1）VIN码可直接打刻在车架上，对于无车架车身的，可以直接打刻在不易拆除或更换的车辆结构上。

（2）产品应在标牌上标示VIN码（两轮摩托车和轻便摩托车可除外）。

（3）具有电子控制单元的汽车，其至少有一个电子控制单元应不可篡改地存储车辆识别代号。

（4）M1类（9座以下的乘用车）、N1类（最大设计总质量不超过3500kg的载货车）的车辆VIN码还应永久地标示在仪表板上靠近风窗立柱的位置，在白天不需要移动任何部件从车外能够分辨出车辆识别代号，如图2-5所示。

（5）M1类汽车还应在行李舱的易见部位标示VIN码。

（6）车辆制造厂至少应在一种随车文件中标示VIN码。

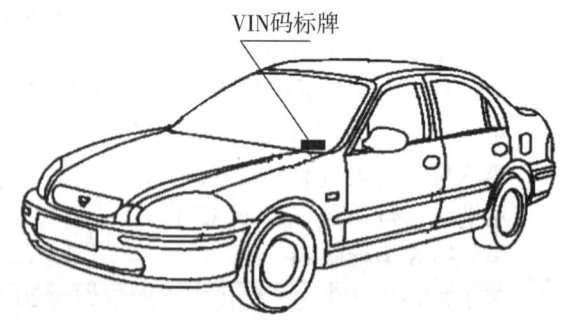

图2-5　仪表板左侧上方的VIN码

四、VIN码识别系统

仅仅通过VIN标牌不容易识别该车身份是否真实，所以对于二手车的识别主要是查看打印在车身上的VIN识别代号（俗称车架号码）。

由于我国对机动车的管理是实行双码制，新车在车管所办理登记的时候就要提交车上的车辆识别代号和发动机号,为此汽车经销商还要把车上的车辆识别代号和发动机号人工拓印出来,如图2-6所示,车管所将拓印下来的编码放进档案内,当需要核实车辆身份时,就将档案内的拓码调出,跟现场拓码进行对比核对,字体大小、形状、间距完全一致才行。因此,作为一名合格的二手车鉴定评估师不仅仅要了解VIN码信息,还要具备判断车架号码是否被改动的能力。

(a) 发动机号　　　　　　　　　　　　　(b) 车辆识别代号

图2-6　车辆识别代号和发动机号的拓码

在实际操作中,首先要第一时间找到车架号码的位置。其位置主要在门柱上、防火墙上、车梁等大部件上、散热器支架上以及减震器塔上等,各个生产厂商有所不同。图2-7、图2-8、图2-9是几种常见的位置。

图2-7　本田雅阁防火墙上的VIN码　　　　图2-8　宝马车减震器塔上的VIN码

图2-9　GL8散热器支架上的VIN码　　　　图2-10　大梁上窜改的VIN码

虽然车辆识别代号是唯一的、不可改动和移动的,但某些不法分子还是有办法将车辆识别代号窜改。所以二手车鉴定评估师应具有判断该车的车架号码是否被改动过的技能。图2-10的车辆识别代号就是从别的车辆移接过来的。

随着车型年款的不同和汽车销售国家的不同(各国政府对VIN有不同规定),VIN规定会有所不同。有的按公司各车分部进行规定(如美国GM);有的直接按系列车型或车名进行规定(如日本雷克萨斯汽车)。在实际操作中,二手车评估师需大量积累这方面的资料。

第三节 汽车的证件与号牌

按照国家法规和地方法规办理各项有效证件和交纳各项税费后，汽车才能合法上路行驶。汽车属于特殊商品，它的价值包括车辆实体本身的有形价值和各项手续构成的价值，只有手续齐全，才能发挥汽车的实际效用，才能办理正常的过户、转籍。没有合法手续的汽车通常不能作为保险标的。二手车交易必须具有以下证件。

一、车主身份证

1. 居民身份证

目前我国使用的是第二代居民身份证。第二代居民身份证有以下特征：在一般的光线下，平视证件表面时，表面上的物理防伪膜是无色透明的；适当上下倾斜，便会观察到证件的左上方有一个变色的长城图案，呈橙绿色；用左眼和用右眼分别观察，身份证上的长城图案的颜色将呈不同颜色；将身份证旋转90°（垂直方向），观察到的长城图案呈蓝紫色。除此之外观察如图2-11所示的位置，通过放大镜可以看到曲线排列的多个"JMSFZ"字样。

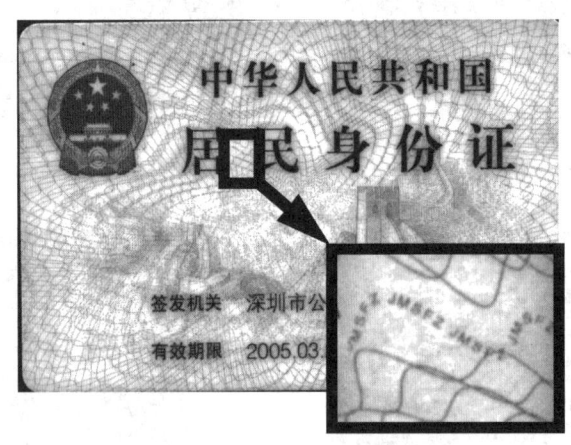

图2-11 第二代居民身份证

2. 企业车主身份证

企业买卖二手车辆需要提供企业的机构代码证，机构代码证证书采用专用水印安全线防伪纸，透光后，纸张中可见"DMZ"水印文字，并且在证书中横向穿过一条安全线，安全线上印有文字"DMZ"；证书"中华人民共和国国家质量监督检验检疫总局"印章使用的是防伪油墨，在紫外光下有红色荧光反应；证书专线单色划花边以及"DMZ"浮雕底纹，花边中有"DMZ"字样；证书在年检记录书写处为防涂改底纹，被破坏后很难复原，如图2-12所示。

图 2-12 组织机构代码证

二、机动车行驶证

《中华人民共和国道路交通安全法》规定，机动车经公安机关交通管理部门登记后，方可上道路行驶，对符合规定条件的车辆，发放机动车登记证书、号牌和行驶证。机动车行驶证是汽车过户、转籍必不可少的证件。机动车行驶证主页正反面样式如图2-13所示。

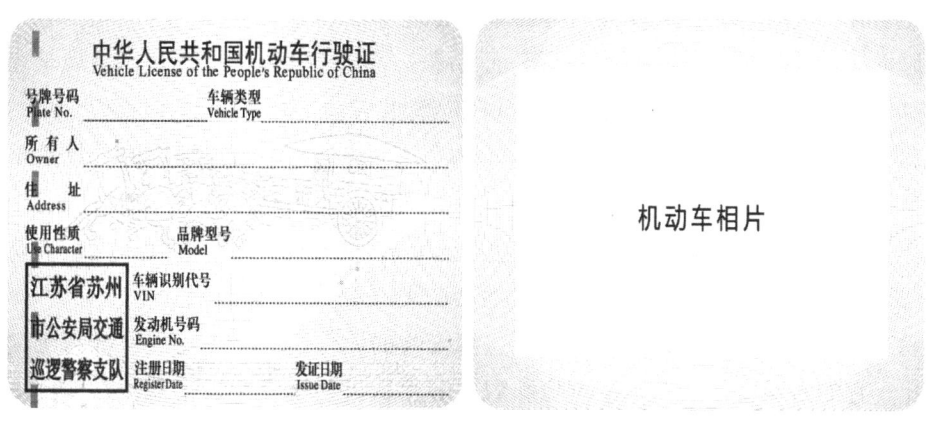

图 2-13 机动车行驶证主页正反面样式

《中华人民共和国机动车行驶证证件》(GA37—2008)规定，塑封套 A 页有全息图文。图文由平安结、指路标志、机动车等图案和"中国 CHINA"和"VEHICLE LICENSE"等字样构成。平安结中心几何图形颜色在蓝紫色和草绿色之间交互变化；"中国 CHINA"和"VEHICLE LICENSE"为动态景深文字，不同角度分别出现，如图 2-14 所示。塑封套 B

页有荧光印刷图文,自然光下依稀可见;紫外灯照射下,有清晰完整的图案:马车图案呈黄绿色荧光,波浪线、"机动车行驶证"和"VEHICLE LICENSE"呈红色荧光,如图2-15所示。除此之外,标准也对行驶证的纸质、印刷质量、字体、字号等都有明显的要求。对有疑问的行驶证可去发证的公安车辆管理机关核实。

二手车交易从业人员应该特别注意的是机动车行驶证主页中的车辆类型、使用性质、注册登记日期与发证日期是否一致,以及副页中检验合格日期等重要信息。

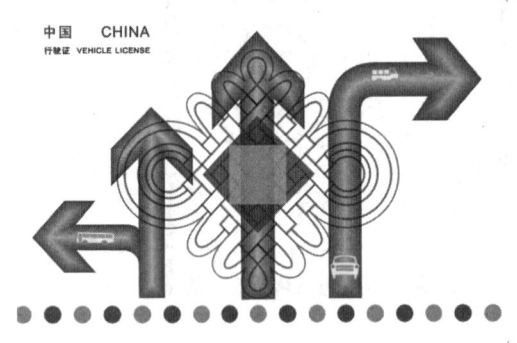

图2-14　塑封套A页全息图文

图2-15　塑封套B页荧光印刷图文

三、机动车登记证书

根据《中华人民共和国道路交通安全法》规定,对符合登记条款规定条件的,应当发放机动车登记证书、号牌和行驶证。

机动车所有人申请办理机动车各项登记业务时均应出具机动车登记证书;当登记信息发生变动时,机动车所有人应当及时到车辆管理所办理相关手续;当机动车所有权转移时,原机动车所有人应当将机动车登记证书随车交给现机动车所有人。机动车登记证书还可以作为有效资产证明,到银行办理抵押贷款。

机动车登记证书同时也是机动车的"户口本",所有机动车的详细信息及机动车所有人的资料都记载在上面。证书上所记载的原始信息发生变化时,机动车所有人应携证到车管所作变更登记,二手车交易要过户,过户记录就会登记在"过户、转入登记摘要信息栏"里。这样,"户口本"上就有机动车从"生"到"死"的一套完整的记录了。

机动车登记证书是汽车交易人员必须认真查验的证件,机动车登记证书与机动车行驶证相比,它的内容更详细,一些风险参数也必须从机动车登记证书获取,如使用性质的确定等。作为二手车交易人员应该关注登记栏所登记的信息。机动车登记证书的样示如图2-16所示。

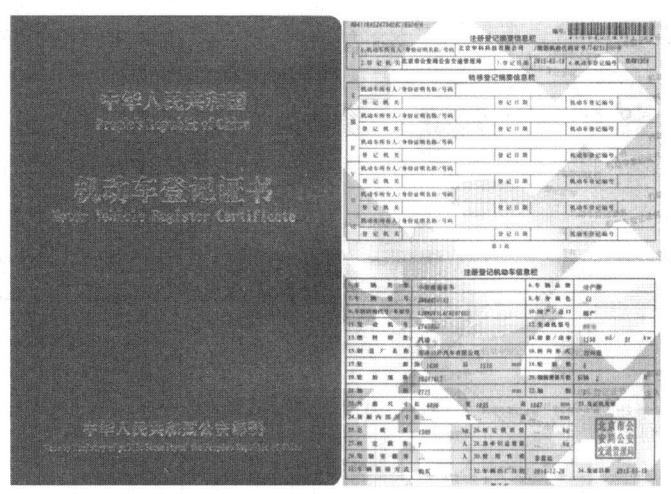

图 2-16　机动车登记证书

四、车辆购置税

车辆购置税是由车辆购置附加费演变而来的，国务院于 1985 年 4 月 2 日发文，决定对所有购置车辆的单位和个人，包括国家机关和单位一律征收车辆购置附加费，其目的是切实解决发展公路运输事业与国家财力紧张的突出矛盾，将车辆购置附加费作为我国公路建设的一项长期稳定的资金来源。车辆购置附加费由交通部门负责征收。2000 年 10 月 22 日，《中华人民共和国车辆购置税暂行条例》规定，自 2001 年 1 月 1 日起，车辆购置附加费改成车辆购置税，由国家税务局征收，资金的使用由交通部门按照国家有关规定统一安排使用。2018 年 12 月 29 日通过的《中华人民共和国车辆购置税法》自 2019 年 7 月 1 日起施行，同时《中华人民共和国车辆购置税暂行条例》废止。目前车辆购置税应纳税额 = 计税价格 × 10%，它是购买汽车后最大的一项费用。车辆购置税凭证如图 2-17 所示。

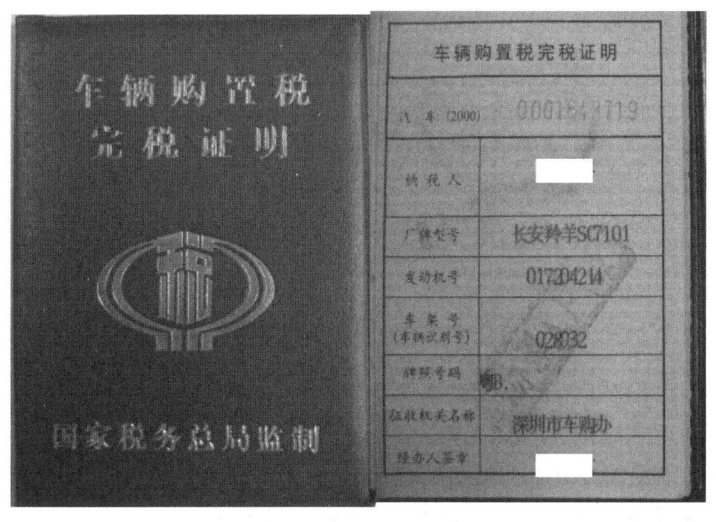

图 2-17　车辆购置税凭证

需要说明的是，国家税务总局发布公文决定在2019年7月1日起，按照《中华人民共和国车辆购置税法》的规定，在全国范围内正式实施应用车辆购置税电子完税信息办理车辆注册登记业务，全面取消纸质车辆购置税完税证明。所以2019年7月后购置的车辆是没有纸质购置税完税证明交到车主手中的，需要登录电子税务局才能够查询到所缴纳购置税的车辆购置税完税证明，如果想要获得纸质版完税证明则可以自行打印。另外，免税、减税车辆因转让、改变用途等原因不再属于免税、减税范围的，纳税人应当在办理车辆转移登记或者变更登记前缴纳车辆购置税。计税价格以免税、减税车辆初次办理纳税申报时确定的计税价格为基准，每满一年扣减10%。

五、汽车来历凭证

根据2022年5月1日起施行的《机动车登记规定》第九十条规定，汽车来历凭证有以下几种：

（1）在国内购买的机动车，其来历证明是机动车销售统一发票（见图2-18）或者二手车交易发票（见图2-19）。在国外购买的机动车，其来历证明是该车销售单位开具的销售发票及其翻译文本，但海关监管的机动车不需提供来历证明。

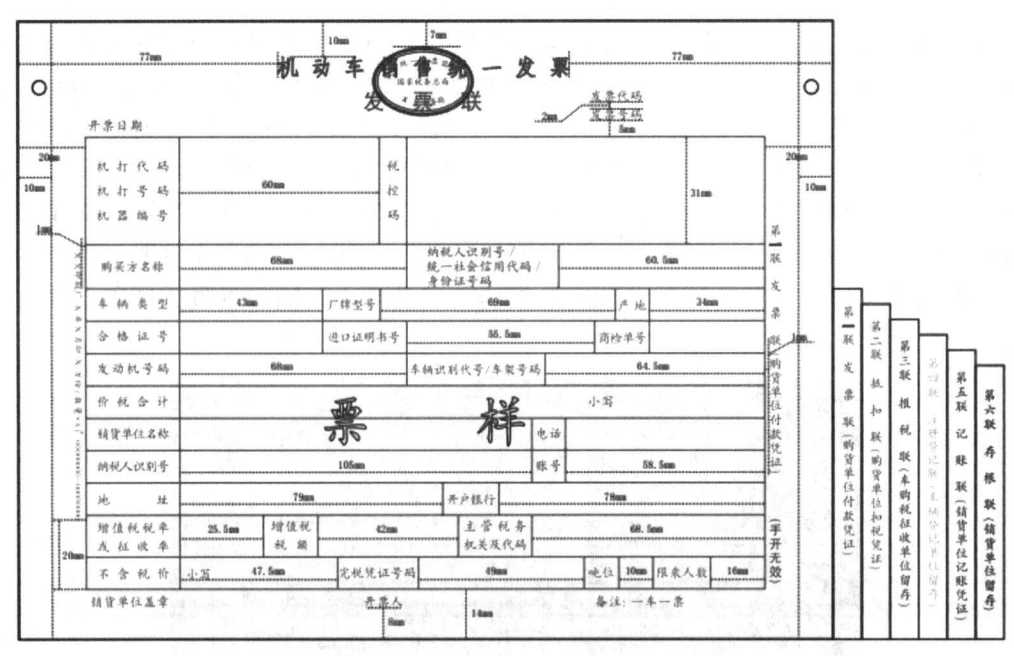

图2-18 机动车销售发票票样

（2）监察机关依法没收、追缴或者责令退赔的机动车，其来历证明是监察机关出具的法律文书，以及相应的协助执行通知书。

（3）人民法院调解、裁定或者判决转让的机动车，其来历证明是人民法院出具的已经生效的调解书、裁定书或者判决书，以及相应的协助执行通知书。

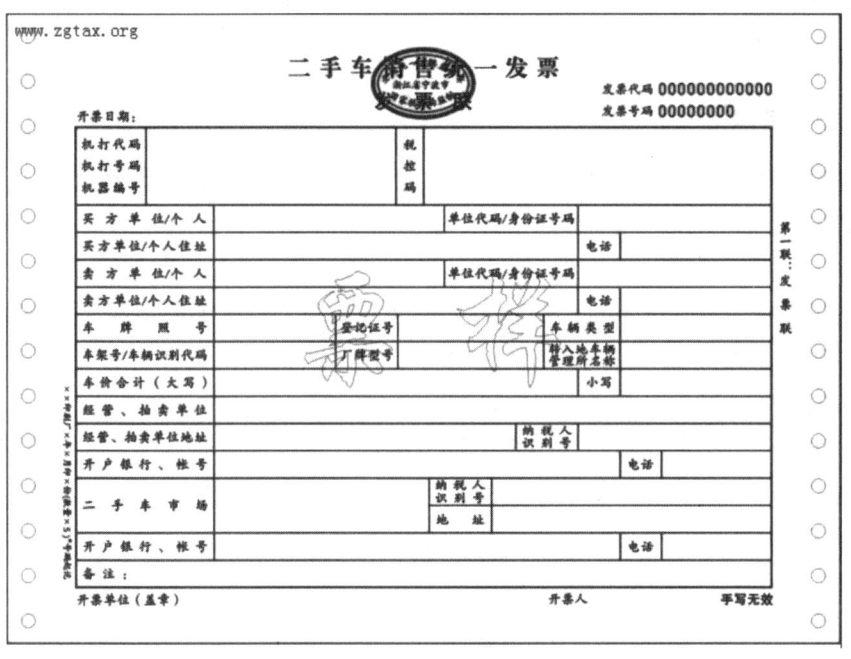

图 2-19　二手车销售发票票样

(4) 仲裁机构仲裁裁决转让的机动车，其来历证明是仲裁裁决书和人民法院出具的协助执行通知书。

(5) 继承、赠予、中奖、协议离婚和协议抵偿债务的机动车，其来历证明是继承、赠予、中奖、协议离婚、协议抵偿债务的相关文书和公证机关出具的公证书。

(6) 资产重组或者资产整体买卖中包含的机动车，其来历证明是资产主管部门的批准文件。

(7) 机关、企业、事业单位和社会团体统一采购并调拨到下属单位未注册登记的机动车，其来历证明是机动车销售统一发票和该部门出具的调拨证明。

(8) 机关、企业、事业单位和社会团体已注册登记并调拨到下属单位的机动车，其来历证明是该单位出具的调拨证明。被上级单位调回或者调拨到其他下属单位的机动车，其来历证明是上级单位出具的调拨证明。

(9) 经公安机关破案发还的被盗抢骗且已向原机动车所有人理赔完毕的机动车，其来历证明是权益转让证明书。

六、车船税和机动车交通事故责任强制保险

车船税指对在我国境内应依法到公安、交通、农业、渔业等管理部门办理登记的车辆、船舶，根据其种类，按照规定的计税依据和年税额标准计算征收的一种财产税。

机动车交通事故责任强制保险(简称"交强险")是我国首个由国家法律规定实行的强制保险制度。《机动车交通事故责任强制保险条例》规定：交强险是由保险公司对被保险机动车发生道路交通事故造成受害人(不包括本车人员和被保险人)的人身伤亡、财产损失，在责任限额内予以赔偿的强制性责任保险。

从 2007 年 7 月 1 日开始，在投保交强险时缴纳车船税。对于二手车交易，要检查交强险是否处于有效期内。

七、汽车号牌

汽车号牌主要包括大型汽车号牌、小型汽车号牌、挂车号牌、大型新能源汽车号牌、小型新能源汽车号牌以及使馆汽车号牌、领馆汽车号牌、教练汽车号牌、警用汽车号牌等。

大型汽车号牌为黄底黑字，小型汽车号牌为蓝底白字，大型新能源汽车号牌为黄绿底黑字，小型新能源汽车号牌为渐变绿底黑字，使、领馆汽车号牌为黑底白字，教练汽车号牌为黄底黑字，警用汽车号牌为白底黑字红"警"字。

大型汽车号牌、小型汽车号牌等由三部分组成。第一部分是汉字，是该车户口所在省、自治区、直辖市的简称。如北京为京、天津为津。第二部分为发证机关的代号，用英文字母标示，代表该车所在地的地市一级代码。第三部分是五位序号。如粤 B 12345 代表广东省深圳市序号为 12345 的汽车号牌。

二手车交易人员应能分辨号牌的真伪。汽车号牌一般可以从以下几个方面进行鉴定：

(1) 真伪汽车号牌使用材料有区别。公安部有关标准对真实的汽车号牌材料有严格规定，其采用高密度铝，且至少有一面经过氧化处理或树脂处理，这种材料社会上一般买不到。伪造的汽车号牌大都是采用铁板材质或塑料材质制作而成，且未进行氧化处理，表面看起来较光亮。

(2) 真伪汽车号牌在字体上有所区别。真的机动车号牌字体采用全国统一标准，且字体是具有知识产权的独特设计，视觉感受良好；伪造号牌的底色偏蓝或偏黄，字体整体较瘦或偏胖，或在字体拐弯处有异常。如真的号牌数字"3"下边的圆弧过渡处十分圆润流畅，一气呵成。而伪造号牌的数字圆弧过渡处则处理得十分粗糙，一般都是直线过渡，如图 2-20 所示。

(a) 真号牌　　　　　　　　　　　　(b) 假号牌

图 2-20　真伪车牌字体对比

(3) 真伪汽车号牌在工艺上有所区别。真号牌经高科技处理并采用一次成型技术，形状整体划一，视觉感受良好；伪造号牌则经过多次工序而成，从而造成形状各异、尺寸皆不相同，长短、宽窄、角边等各式各样。且真实的号牌采用喷漆、压膜印字技术制作而成，结实程度强，表面膜抠不动，而伪造的号牌容易掉漆，表面膜能用手抠下来，如图 2-21 所示。

(a) 真号牌

(b) 假号牌

图 2-21　真伪车牌工艺对比

按照新《机动车登记规定》（公安部令第 164 号），机动车所有人可以通过计算机随机选取或者按照选号规则自行编排的方式确定机动车号牌号码。办理机动车变更登记、转让登记或者注销登记后，原机动车所有人申请机动车登记时，可以向车辆管理所申请使用原机动车号牌号码。机动车号牌灭失、丢失或者损毁的，机动车所有人应当向登记地车辆管理所申请补领、换领。申请时，机动车所有人应当确认申请信息并提交身份证明。

第四节　汽车主要性能指标及技术参数

一、汽车的主要技术参数

（一）质量参数

1. 汽车总质量

汽车总质量是指装备齐全时的汽车自身质量与按规定装满客（包括驾驶员）、载货时的载质量之和，也称满载质量。

2. 载质量

汽车载质量是指在硬质良好路面上行驶时所允许的额定载质量。当汽车在碎石路面上行驶时，载质量应有所减少（为好路的 75%～80%）。越野汽车的载质量是指越野行驶或土路上行驶的载质量。轿车的装载量以座位数表示。城市公交车的装载量等于座位数并包括站立乘客数（一般按 8～10 人/m^2计）。长途客车和旅游客车的装载质量等于座位数。

3. 轴荷

轴荷是指汽车满载时各车轴对地面的垂直载荷。

(二)尺寸参数

1. 汽车长

汽车长是指垂直于车辆纵向对称平面,并分别抵靠在汽车前、后最外端突出部位的两垂面之间的距离,如图 2-22 所示。

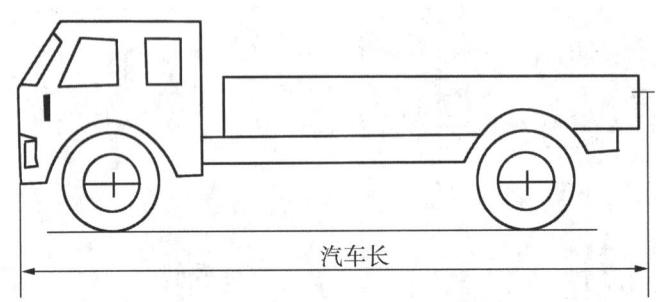

图 2-22 汽车长度示意图

我国公路车辆的极限尺寸规定的汽车总长为:货车(包括越野车)不大于 12m,一般客车不大于 12m,铰接式客车不大于 18m,牵引车拖带半挂车不大于 16.5m,汽车拖带挂车不大于 20m。

2. 车辆宽

车辆宽是指平行于车辆纵向对称平面,并分别抵靠车辆两侧固定突出部位(除后视镜、侧面标志灯、转向指示灯、挠性挡泥板、折叠式踏板、防滑链及轮胎与地面接触部分的变形外)的两个面之间的距离,如图 2-23 所示。我国公路车辆的极限尺寸规定车辆总宽不大于 2.5m。

3. 车辆高

车辆高是指车辆没有装载处于可运行状态时,车辆支撑平面与车辆最高突出部位相抵靠的水平面之间的距离,如图 2-24 所示。我国公路车辆的极限尺寸规定车辆总高不大于 4m。

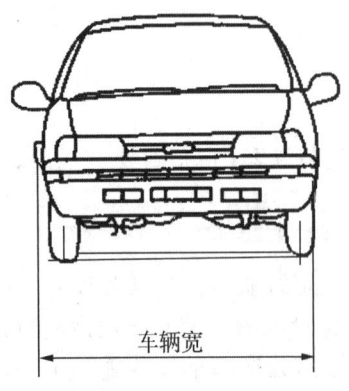

图 2-23 车辆宽示意图

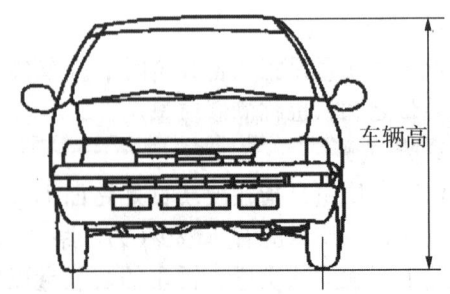

图 2-24 车辆高示意图

4. 轴距

轴距是指通过车辆同一侧相邻的车轮的中点,并垂直于车辆纵向对称平面的二垂线之间的距离，如图2-25所示。对于三轴以上的车辆，其轴距由从最前面至最后面的相邻两车轮之间的轴距分别表示，总轴距则为各轴距之和，图2-26所示。

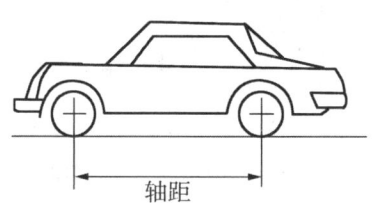

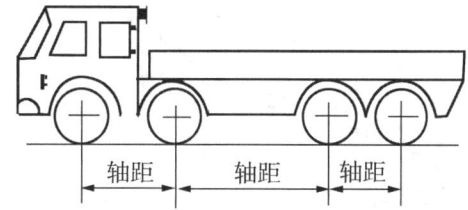

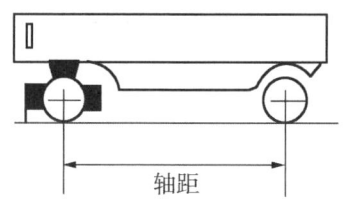

图2-25 轴距示意图

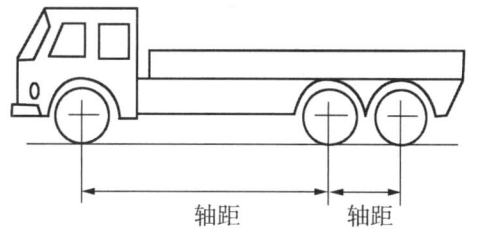

图2-26 轴距(三轴以上)示意图

5. 轮距

汽车车轴的两端为单车轮时，轮距为车轮在车辆支撑平面上留下的轨迹中心线之间的距离，如图2-27所示。汽车车轴的两端为双车轮时，轮距为车轮中心平面(双轮车车轮中心平面为外车轮轮辋内缘和内车轮轮辋外缘等距的平面)之间的距离，如图2-28所示。

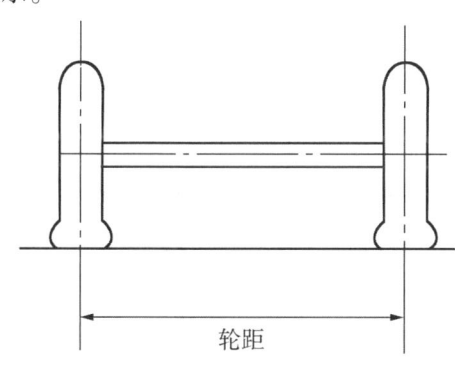

图2-27 轮距示意图

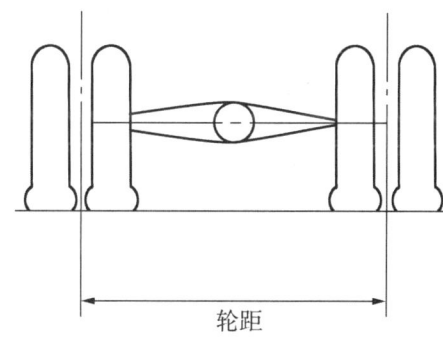

图2-28 轮距(车轴两端为双轮)示意图

6. 前悬

前悬是指通过两前轮中心的垂面与抵靠在车辆最前端(包括前拖钩、车牌及任何固定在车辆前部的刚性件)，并且垂直于车辆纵向对称平面的垂面之间的距离，如图2-29所示。

7. 后悬

后悬是指通过车辆最后车轮轴线的垂面与抵靠在车辆最后端(包括牵引装置、车牌及固定在车辆后部的任何刚性部件)，垂直于车辆纵向对称平面的垂面之间的距离，如图

2-30所示。

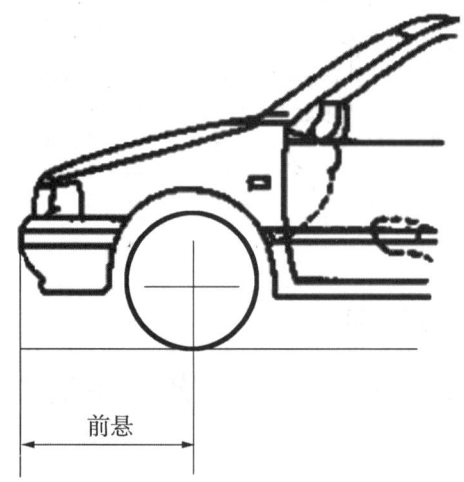

图 2-29 汽车前悬示意图

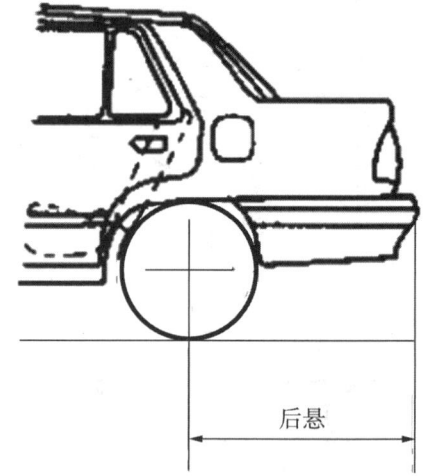

图 2-30 汽车后悬示意图

8. 最小离地间隙

最小离地间隙是指车辆支撑平面与车辆上的中间区域内最低点之间的距离。中间区域为平行于车辆纵向对称平面且与其等距离的两个面之间所包含的部分，两平面之间的距离为同一轴上两端车轮内缘最小距离的80%，如图2-31所示(图中b)。

9. 接近角

接近角是指车辆静载时，水平面与切于前轮轮胎外缘的平面之间的最大夹角，前轴前面任何固定在车辆上的刚性部件不得在此平面的下方，如图2-32所示。

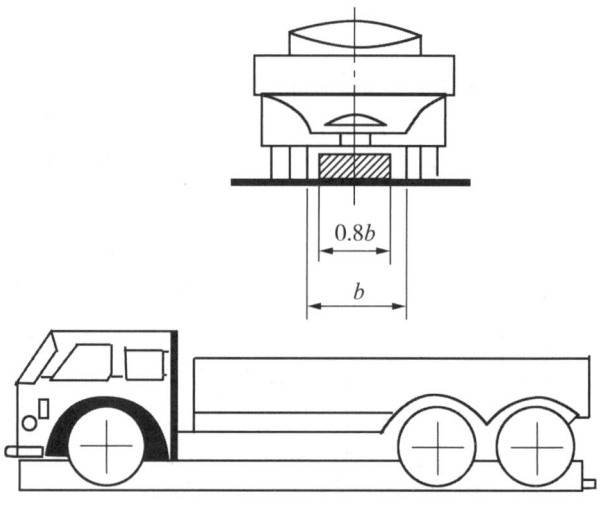

图 2-31 最小离地间隙

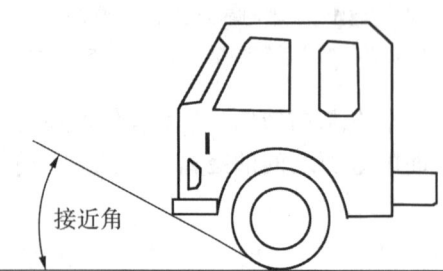

图 2-32 接近角

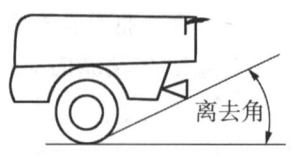 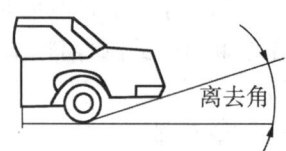

图 2-33 离去角

10. 离去角

离去角是指车辆静载时，水平面与切于车辆最后车轮轮胎外缘的平面之间的最大夹角，位于最后车轴后面的任何固定在车辆上的零部件不得在此平面的下方，如图2-33所示。

11. 转弯直径

转弯直径是指当转向盘转到极限位置时，内、外转向轮的中心平面在车辆支撑平面上的轨迹圆直径，如图2-34所示。由于转向轮的左右极限转角一般不相等，故有左转弯直径与右转弯直径之别。

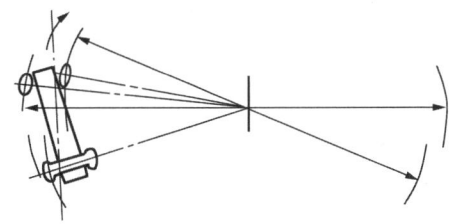

图2-34 转弯直径

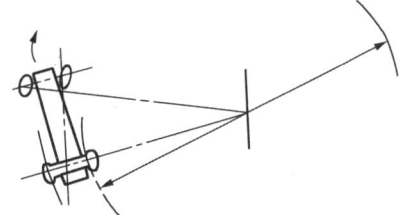

图2-35 非转向内轮转弯直径

非转向内轮的中心平面在车辆支撑平面上的轨迹圆直径有实际意义，称为非转向内轮转弯直径，如图2-35所示。

二、汽车的主要性能指标

汽车的主要性能包括动力性、燃油经济性、安全性、操纵稳定性、舒适性、通过性及环保性等。

(一)汽车动力性

从获得尽可能高的平均行驶速度的观点出发，汽车的动力性可用以下三个指标来评定。

(1)汽车的最高车速。汽车的最高车速是指在平直良好的路面上(混凝土和沥青路面)汽车所能达到的最高行驶速度。

(2)汽车的加速能力。汽车的加速能力是指汽车在行驶中迅速增加行驶速度的能力。其对平均车速有很大影响，也与行驶的安全性有关，常用汽车的原地起步加速时间和超车加速时间来评价。

(3)汽车的爬坡能力。汽车的爬坡能力是指汽车满载时在良好的路面上以最低前进挡行驶所能爬行的最大坡度。坡度值一般用坡道倾斜角的正切值表示，而不是倾斜角的度数。

此外，也有的用比功率(发动机最大功率与汽车总质量之比)和比转矩(发动机最大转矩与汽车总质量之比)作为评价汽车动力性的指标。

(二)汽车燃油经济性

汽车在一定的使用条件下，以最小的燃油消耗量完成单位运输工作的能力称为汽车的燃油经济性。常用一定运行工况下汽车行驶100km的燃油消耗量或一定燃油量能使汽车行驶的里程来衡量。

在我国及欧洲，燃油经济性指标的单位为 L/100km，即行驶 100km 里程所消耗燃油的升数。可见，其数值愈大，汽车的燃油经济性愈差。在美国，汽车燃油经济性的单位为 mile/USgal，即每加仑燃油能行驶的英里数。可见，其数值愈大，表明燃油经济性愈好。这项指标用作比较相同载质量汽车的燃油经济性或分析同一汽车的燃油经济性。

对于不同载质量的汽车在相同的运行条件下完成单位运输工作量的燃油经济性的评价则常用完成单位货物周转量的平均燃油消耗量来衡量，其单位为 L/(100t·km)。

（三）汽车安全性

汽车安全性是指汽车在行驶中避免事故，保障行人和乘员安全的性能，一般分为主动安全性、被动安全性、事故后安全性和生态安全性。汽车安全性是汽车性能评价的一个最重要指标之一，汽车安全性能好，往往可以避免事故的发生或减少伤亡的程度。

（1）汽车主动安全性。又称积极安全性，主要是指汽车防止或减少道路交通事故发生的性能。其中主要包括：视认性、驾驶操作性和制动效能。此外，还包括减轻驾驶员的疲劳程度、行人的安全性等。

常见的主动安全性技术有 ABS、EBD、ASR（TCS）、ESP（VSA、DSC）、BAS、TPMS、夜视技术、车道偏离报警系统、驾驶员报警系统、抬头显示系统、后视技术、倒车雷达/自动泊车系统、闪光刹车灯等技术。

（2）汽车被动安全性。又称消极安全性，是指事故发生时减少乘员伤亡的能力。其中主要包括：结构吸能性、内饰软化、安全防护装置及安全玻璃等。主要包括 NCAP、车身的结构、材料、安全带、安全气囊等技术。

（四）汽车操纵稳定性

汽车的操纵稳定性包含着互相联系的两部分内容，一是操纵性，二是稳定性。操纵性是指汽车能够及时而准确地执行驾驶员的转向指令的能力；稳定性是指汽车受到外界扰动（路面扰动或突然阵风扰动）后，能自行尽快地恢复正常行驶状态和方向而不发生失控，以及抵抗倾覆、侧滑的能力。

车辆操控性的好坏主要由三个因素来决定：动力、悬挂和转向系统。动力是操控性的根本，悬挂则是操控性的关键，而转向系统是操控性的保障。汽车的操控性能不仅影响驾驶的灵敏准确程度，而且也决定了高速行驶的安全性。

（五）汽车舒适性

广义的汽车舒适性包括感官舒适性、驾驶舒适性、使用舒适性三个方面。

（1）感官舒适性。感官舒适性主要表现在视觉、嗅觉、听觉及触觉上，包括外观和内饰的美观性，车内座椅乘坐的舒适性，车内噪声的大小、音响娱乐系统及车内是否有异味等。

（2）驾驶舒适性。驾驶舒适性则指汽车行驶时，对路面不平度的隔振特性即平顺性，驾驶时汽车的动力和稳定等的操纵稳定性等。

（3）使用舒适性。使用舒适性主要指储物空间的大小及车辆配置的高低。

（六）汽车通过性

评价汽车通过性的主要性能参数有：汽车的最小离地间隙、纵向通过半径与横向通过半径、接近角与离去角、爬坡能力和涉水深度、最小转弯半径及其偏出距、内轮差、驱动形式。

（七）汽车环保性

汽车环保性能主要包括汽车污染物的排放和汽车的噪声两方面。

(1) 汽车污染物的排放。汽车排放污染物主要有三个排放源：一是由发动机排气管排出的发动机燃烧废气，汽油车的主要污染物成分是一氧化碳（CO）、碳氢化合物（HC）、氮氧化合物（NO_x），而柴油车主要排放氮氧化合物（NO_x）和颗粒物（PM）；二是曲轴箱排放物，发动机在压缩及燃烧过程中未燃的碳氢化合物由燃烧室漏向曲轴箱再排向大气；三是燃料蒸发排放物，主要由燃油箱的燃料蒸发而产生。在未加控制时曲轴箱和燃料蒸发排放的碳氢化合物各约占 HC 总排放量的 1/4。目前我国轻型汽油车主要是国六排放标准，不同的排放标准对二手车价格影响较大。

(2) 汽车的噪声。城市交通噪声是目前城市环境中最主要的噪声源之一。因此噪声是汽车环保性能的一个重要指标。按照噪声产生的过程，汽车噪声源大致可分为：与发动机转速有关的声源和与车速有关的声源。与发动机转速有关的噪声源主要有：进气噪声、排气噪声、冷却系风扇噪声和发动机表面辐射噪声。与车速有关的噪声源包括：传动噪声（变速器、传动轴等）、轮胎噪声、车体产生的空气动力噪声。

第五节　汽车寿命与价值

一、汽车的使用寿命

汽车从开始使用的时间到不能使用的时间的整个时期称汽车的使用寿命。汽车使用寿命的实质是指从技术和经济上分析汽车的使用极限。汽车使用寿命可以用累计使用年数或累计行驶里程数表示。

汽车使用寿命可分为技术使用寿命、经济使用寿命和合理使用寿命。它们之间的关系为：技术使用寿命＞合理使用寿命＞经济使用寿命。

（一）机动车的技术使用寿命

机动车技术使用寿命是指车辆从开始使用直至其主要机件到达技术极限状态而不能再继续修理时为止的总工作时间或总行驶里程。这种极限的标志，在结构上是零部件的工作尺寸、工作间隙，在性能上常表现为车辆总体的动力状态或燃料、润滑油的极度超耗。

机动车的技术寿命主要取决于各部分总成的设计水平、制造质量和合理使用与维修。

机动车到达技术使用寿命时，应对车辆进行报废处理，其零部件也不能再作备件使用。机动车维修工作做得越好，它的技术使用寿命越长，但一般随着机动车使用时间的延长，机动车维修费也日益增加。

（二）机动车的合理使用寿命

我国规定的机动车合理使用寿命是以机动车经济使用寿命为基础，考虑整个国民经济的发展和能源节约等因素而制定符合我国实际情况的使用期限。也就是说，机动车已

经到达了经济寿命,但是否要更新,还要视国情而定,如更新机动车的来源、更新资金等因素。为此,国家根据上述情况制定出机动车更新的技术政策,考虑国民经济的可能并加以修正,规定车辆更新期限。

(三)机动车的经济使用寿命

机动车经济使用寿命,是指机动车达到相当行驶里程和使用年限,对其进行全面的经济分析之后而得出的,如果继续使用该机动车则成本较高。机动车的经济使用寿命是机动车寿命的主要评价依据。

全面经济分析就是从机动车使用总成本出发,分析车辆制造成本、使用与维修费用、使用者管理开支、车辆当前的折旧以及市场价格可能变化等一系列因素,经过分析做出综合的经济评定,并确定其是否经济合理,能否继续使用。

(四)汽车经济使用寿命常用的评价指标

评价汽车经济使用寿命的主要指标有年限、行驶里程和使用年限等。

(1)年限。年限是指汽车从开始投入运行到报废的年数作为使用寿命的量标。这种方法除考虑运行时间外,还考虑车辆停驶期间的自然损耗。这种计量方法比较简单,但是不能真实反映汽车的使用强度和使用条件,造成同年限的车辆差异很大。

(2)行驶里程。行驶里程是指以汽车从开始投入运行到报废期间总的累计行驶里程数作为使用寿命的量标。这种方法反映了汽车的真实使用强度,但不能反映出运行条件和停驶期间的自然损耗。

交通专业运输车辆,由于其运行条件差异较大,所以年平均行驶里程相差很大。这样,虽然使用年限大致相同,但累计行驶里程相差悬殊,因而大多数汽车运输企业以行驶里程作为考核车辆各项指标的基数。但在二手车交易中,卖主里程表时有损坏,且可能是故意毁坏,因此行驶里程数的可信度不高,鉴定估价人员只能作为参考。

(3)使用年限。使用年限是将汽车总的行驶里程与年平均行驶里程之比所得的年限作为使用年限的量标,即:

$$T_z = \frac{L_c}{L_n}$$

式中,T_z——折算年限,年;

L_c——总的累计行驶里程,km;

L_n——年平均行驶里程,km/年。

年平均行驶里程是用统计方法确定的,与车辆的技术状态、完好率、平均技术速度和道路条件等因素有关。对于营运车辆,在使用过程中由于车辆的技术状况、平均技术速度和道路条件等因素的不同,年平均行驶里程的差异较大,但车辆的年平均使用强度基本相同。因此,按折算年限基本上可以在全国范围内取得统一指标。这对于社会专业运输和社会零散使用车辆也是适用的。但由于使用强度相差太大,年平均行驶里程也不相同,其使用年限也不相同。社会零散车辆的管理水平、使用水平、维修水平一般都比较低,所以这些车辆又不能按专业运输车辆的指标要求,应相对于专业运输企业车辆的使用寿命做适当的修正。这种(使用年限)表示方法既反映了车辆的使用情况、使用强度,又包括了运行条件和某些停驶时间较长车辆的自然损耗。

在二手车鉴定评估工作中,确定成新率最有用的量标是使用年限,而使用年限的获得又比较困难：一是车辆行驶里程数真实数据难以取得；二是年平均行驶里程是一个统计数据。目前，各省、市、地区、各类车辆年平均行驶里程数的数据亦难取得。

二、影响机动车经济使用寿命的因素

影响机动车经济使用寿命的因素有车辆的损耗、车辆的来源与使用强度、车辆的使用条件等。

（一）车辆的损耗

首先从车辆的有形损耗和无形损耗两个方面进行分析。

无形损耗是指由于技术进步、生产的发展，出现了性能好、生产效率高的新车型，或原车型价格下降等情况，促使在用车辆提前更新。实际上是旧车型相对新车型的贬值。

有形损耗是指车辆在使用过程中本身的消耗。有形损耗主要与车辆使用成本有关。车辆的使用成本一般包括：

$$C = C_1 + C_2 + C_3 + C_4 + C_5 + C_6 + C_7 + C_8$$

式中，C_1——燃料费用；

C_2——维护和小修费用；

C_3——大修费用；

C_4——基本折旧费用；

C_5——轮胎费用；

C_6——驾驶员工资费用；

C_7——管理费用；

C_8——其他费用。

其中C_5、C_6、C_7、C_8是与车辆经济使用寿命无关的因素。当使用寿命确定后，C_4基本是一个定值，只有C_1、C_2、C_3是随行驶里程（或使用年限）的增长、车况的下降而增加。因此通过对C_1、C_2、C_3与车辆经济寿命有关的因素进一步分析，就可按最佳经济效益确定其经济使用寿命。

（二）车辆的来源与使用强度

不同的使用者，对车辆的使用强度差异比较大，由于使用条件不同，管理和维修水平相差较大。按使用部门不同，车辆来源归纳为如下几类：

（1）交通专业运输车辆。是指专门从事运输服务的营运车辆。这些车辆是为整个社会服务的，其使用条件复杂、使用强度比较大。一般客车年平均行驶里程为5万km左右，货车为4.5万km左右。货车拖挂率、实载率均比较高，管理、使用和维修水平也比较高。

（2）社会专业运输车辆。是指各行各业专门从事运输的车辆，主要是为本行业的运输生产服务的，如商业、粮食、冶金、林业等部门的运输车辆。

（3）社会零散运输车辆。是指机关、企事业单位和个人的非营运车辆，主要是为一般零散运输和生活服务的公务用车、商务用车。这些车辆一般没有专门的管理机构和维修基地，使用情况差异很大。

(4)城市出租车辆。是城市和乡镇为客运和货运服务的车辆，多集中在大中城市，多以国产轿车、轻型客车从事客运出租经营，以微型、轻型货车从事货运出租经营。客运出租车辆其使用强度很大，对于轿车一般年平均行驶里程在 10 万 km 左右，货运出租车辆，其使用强度受货运市场影响较大。目前，由于货运量不足，导致车辆闲置，其使用强度不是很大。但是，由于车主受利益驱动，车辆经常超载运行，致使车辆机件磨损迅速上升，大大影响车辆使用寿命。另外，这些车辆管理、使用、维修等情况差异很大。

(5)城市公共交通车辆。城市公共交通车辆是指城市公共汽车，一般这些车辆常年服役，不参与二手车市场交易。

上述车辆中，到二手车交易市场交易较多的是社会零散运输车辆和城市出租车辆。前者使用强度不大，一般车况较好；后者车况较差。

(三)汽车的使用条件

汽车的经济使用寿命除受使用对象影响外，还受复杂的使用条件影响。我国地域辽阔，各地自然条件差别很大，具体考虑的使用条件如下。

1. 道路条件

(1)道路条件分类。

道路对汽车使用寿命影响很大，直接影响车辆技术状况，使其年平均行驶里程相差比较大。道路对车辆使用寿命的影响主要是道路等级和路面情况两种因素。

除了关于行政等级的划分，我国根据任务功能和适应的交通量的不同，将公路划分为以下 5 个等级。①高速公路，具有非常重要的政治经济意义的公路；②一级公路，连接重要的政治经济中心，通往重点港口、机场等的公路；③二级公路，连接政治经济中心，通往港口机场等的公路；④三级公路，沟通县级以上城市的公路；⑤四级公路，沟通县乡村的公路。

根据路面等级、按照面层类型将公路分为高级、次高级、中级和低级。

(2)地区道路特点。

由于历史的原因，我国的道路数量、质量与车辆、人口增长的速度不相适应，从而构成了我国道路混合交通的特殊性，即快慢车同道而行，机动车、非机动车和行人同道混行；平原地区地势平坦、道路宽阔、路面质量好；北方地区，年降雨量比较小，对道路，尤其是土路影响不大，只是冬天出现冰雪路，影响车辆运行；南方地区，年降雨量大，尤其雨季，道路泥泞、湿滑，乡村土路则地面松软、凹陷、泥泞而无法行车；城市或城郊，道路四通八达，但人口稠密，车辆多、行人多，交通拥挤、道路堵塞。

2. 特殊使用条件

特殊使用条件主要指一些特殊自然条件和地理环境，如寒冷、沿海、风沙、高原、山区等地区。在这些特殊使用条件下工作的汽车，都将缩短汽车的经济使用寿命。

三、汽车报废的标准

目前使用的《机动车强制报废标准规定》是 2012 年商务部部务会议审议通过，并经国家发展改革委、公安部、环境保护部同意，2013 年 5 月 1 日起施行的新规定。

按《机动车强制报废标准规定》要求，达到以下条件车辆应进行报废：

①达到本规定使用年限的，如表2-3所示；

②经修理和调整仍不符合机动车安全技术国家标准对在用车有关要求的；

③经修理和调整或者采用控制技术后，向大气排放污染物或者噪声仍不符合国家标准对在用车有关要求的；

④在检验有效期届满后连续3个机动车安全技术检验周期内未取得机动车检验合格标志的。

需要注意的是：

①机动车使用年限起始日期按照注册登记日期计算，但自出厂之日起2年内未办理注册登记手续的，按照出厂日期计算；

②营运载客汽车与非营运载客汽车相互转换的，按照营运载客汽车的规定报废，但小、微型非营运载客汽车和大型非营运轿车转为营运载客汽车按照公式2-1核算累计使用年限，且不得超过15年；

$$累计使用年限 = 原状态已使用年 + (1 - 原状态已使用年 / 原状态使用年) \times 状态改变后年限 \qquad (2-1)$$

其中公式中原状态已使用年中不足一年的按一年计算。

表2-3 机动车使用年限及行驶里程参考值

车辆类型与用途				使用年限/年	行驶里程参考值/万 km
汽车	载客	营运	出租客运 小、微型	8	60
			出租客运 中型	10	50
			出租客运 大型	12	60
			租赁	15	60
			教练 小型	10	50
			教练 中型	12	50
			教练 大型	15	60
			公交客运	13	40
			其他 小、微型	10	60
			其他 中型	15	50
			其他 大型	15	60
		非营运	小微型客车、大型轿车	无	60
			中型	20	50
			大型	20	60
	载货		微型	12	50
			重、中、轻型	15	60
			危险品运输	10	40
			三轮汽车、装用单缸发动机的低速货车	9	无
			装用多缸发动机的低速货车	12	30
	专项作业		有载货功能	15	50
			无载货功能	30	50

续表2-3

车辆类型与用途			使用年限/年	行驶里程参考值/万 km
挂车	半挂车	集装箱	20	无
		危险品运输	10	无
		其他	15	无
	全挂车		10	无
摩托车		正三轮	12	10
		其他	13	12
轮式专用机械车			无	50

复习思考题

1. 按发动机位置和驱动方式,汽车是如何分类的?
2. 德国汽车是怎样分类的?请查找资料,指出国产车中哪些品牌车型是 A 级、B 级、C 级和 D 级车,各举两种。
3. VIN 码由哪些部分组成?
4. 二手车交易办理正常过户手续时必须提供什么证件?
5. 车牌号码如何识别真伪?
6. 汽车主要性能有哪些?
7. 请解释合理使用寿命、经济使用寿命以及技术使用寿命之间的关系。
8. 我国的汽车报废标准是怎样规定的?

第三章　汽车技术状况鉴定

【本章学习目标】

素质(思政)目标：
- 培养学生独立的学习和分析能力；
- 培养学生认真负责、严谨细致的工作态度和工作作风；
- 培养学生风险防范意识；
- 培养学生爱岗敬业的社会价值观；
- 培养学生法制意识和精神。

知识目标：
- 了解车辆技术状况的各种缺陷以及检查方法；
- 掌握碰撞事故车鉴定内容和方法；
- 掌握发动机、电器、底盘鉴定内容和方法；
- 掌握新能源汽车动力系统鉴定内容和方法；
- 掌握泡水车鉴定内容和方法；
- 掌握汽车技术状况鉴定的实际工作过程和流程。

能力目标：
- 能够利用仪器对车辆综合故障进行诊断；
- 能够通过感官和工具对碰撞事故车进行鉴定；
- 能够通过感官和工具对发动机、电器、底盘性能进行鉴定；
- 能够通过感官和工具对新能源汽车动力系统进行鉴定；
- 能够通过感官和工具对车辆泡水状况进行鉴定。

第一节　汽车技术状况鉴定的基本方法

汽车作为一种交通工具，与其他机械设备相比，它的使用条件是非常恶劣的，既要经受日晒和风吹雨淋，又要承受温度湿度的剧变以及剧烈的冲击和振动。因此，汽车在使用一段时间后，其技术状况不可避免地会发生变化，性能会有所下降，以至产生故障。

汽车技术状况主要表现在动力性、操控性、安全性、经济性、工作可靠性及环保、舒适等方面。汽车故障是指汽车部分或完全丧失工作能力的现象。

汽车技术状况的鉴定就是对车辆性能和故障进行客观的检测和诊断。随着科学技术的发展和进步，汽车检测仪器和设备不断得到完善，使用汽车检测仪器和设备能够对车辆的性能或故障进行定量、客观的检测和诊断。但是，车辆的某些故障或故障隐患，特别是车辆外部的某些故障，例如，车辆外部损伤，漏水、渗油、漏气，螺栓和铆钉松动、脱落，等等，仍须依靠检测人员的技术和经验，通过感观以及简单的工具、量具进行定性、直观检查。不仅如此,对二手车鉴定评估师而言,在进行绝大多数鉴定评估收购工作的现场,并不一定配备完整而齐全的检测设备,因此更需要依靠个人的技术和经验,通过感观(眼看表面、手摸触感、耳听异响、鼻闻异味)以及简单的工具、量具进行定性、直观检查,一旦发现了问题,再利用相应的检测设备进一步确认具体故障以及核算修复费用。因此,本章重点介绍如何利用感观以及简单的工具、量具进行检查鉴定的方法和技巧。汽车技术状况的鉴定一般采用以下两种方法。

一、经验检查鉴定(定性检查鉴定)

(1)静态检查鉴定:根据检查人员的经验和技能,通过感观,辅之以简单的工具、量具,在汽车相对静止的状态下进行定性、直观的技术状况检查鉴定。

(2)动态检查鉴定:根据检测人员的经验和技能,辅之以简单的量器具,在车辆工作状态下,对汽车的技术状况进行定性、直观的技术状况检查鉴定。

二、仪器检测鉴定(定量检查鉴定)

使用汽车检测仪器、设备对车辆的技术性能和故障进行检测和诊断,能够定量、客观地鉴定汽车的技术状况。目前,仪器检测鉴定主要在汽车检测站完成。

对汽车进行技术状况鉴定的过程中,有些部分可能只用以上两种方法中的一种;有些部分可能两种方法同时用上,这要根据鉴定的项目或客户需求来定。

在进行技术状况鉴定之前,需要做好准备工作,如将汽车清洗干净、晾干,并准备好必需的仪器、工具量具和记录表格等。

燃油(燃气)汽车一般分为发动机、底盘、电器和车身四大部分。新能源汽车包括纯电动汽车和混合动力汽车等,纯电动汽车动力系统分为电池、电机、电控三部分,底盘、电器和车身部分与燃油车基本相同;油电混合动力汽车同时兼有燃油汽车和纯电动汽车的结构特点。对于二手车鉴定评估师而言,对车辆检查的顺序和原则是先外部后内部、先重要后次要、先局部后综合,因此,本章按照车身、动力系统、底盘、电器、综合判断的顺序进行讲解。

第二节 汽车车身损伤及事故状况鉴定

乘用车和客车的车身在整车中价值权重较大,维修难度和维修费用比较高,车身损伤将导致使用寿命降低并留下故障隐患,因此,发生过事故的车辆根据事故的部位和损伤程度会有不同程度的贬值。但由于车辆在交易以前往往会进行修理和修复,所以,必须判别车辆是否发生过事故特别是大事故,才能准确判断车辆技术状况,合理评定车辆交易价格。

一、汽车事故对汽车性能的影响

1. 事故损伤不可完全还原

车辆发生事故,特别是伤及车身骨架的大事故,即使是修复完毕,将不可避免地使车辆的技术性能下降。在这方面,车身事故损伤不同于机电故障,机电故障可以通过更换配件进行完全修复，甚至比原来的状况性能更好，而事故损伤不同，是不可能完全修复的。车辆受到撞击，各零件均会直接或间接受到撞击和震动，轻者零部件间的配合受到影响，严重者将失去功效，整车的密封性也会受到影响，即使局部修好了，功能恢复了，但整车的状况不可逆转地下降了。

2. 事故车的危险隐患事关人身安全

车辆发生事故，特别是大事故，即使是修复完毕，也将不可避免地使车辆的安全性能下降；尤其是发生过重大事故的车辆，对车身进行过切割修复，严重影响车辆整体的安全性能。若在车辆发生严重事故时安全气囊爆开，修复时却偷工减料，不再安装安全气囊，表面修复后就直接卖掉，则会给新车主埋下严重的安全隐患。

3. 从二手车交易的角度来看，准确判断事故车易获得客户认同

由于信息的极度不对称，车主们并不一定对自己的车况有一个客观的认识，当评估师指出车辆存在的故障时，不一定会获得车主的认同，反而将其看成砍价的借口；评估师若能准确指出该车曾经发生过的事故，作为车主，自己肯定清楚，这样就更能获得客户认同，树立专业的鉴定评估师形象，为后期的成功交易打下基础。

二、车辆事故状况鉴定

车辆事故状况判断一般从漆面、装配间隙、车身骨架和行驶状况等几个方面进行。

（一）漆面的检查

无论事故大小，车身最先受伤的几乎都是漆面，判断漆面重新喷过就能判断出相应部位受过损伤。因此，判断漆面是否重新喷过油漆，有助于找到事故损伤区位，至于事故损伤大小，则需要进一步看表板下面的修复痕迹。

1. 颜色的新旧程度

打开车门，比较车门与 B 柱的颜色，即可了解车身颜色的老化程度，也可以把车辆周边表面油漆同车顶油漆进行对比判断。

2. 颜色的一致度

比较相邻两块覆盖件之间的色差，判断车身修复的程度。

3. 漆面的平整度

距离车辆一定距离，在不同的角度下观察某一幅漆面的平整程度，或借助地上线条的影子，可判断车身是否进行过修复或喷漆（参见图 3-1）。

图 3-1　修复后起伏不平的漆面

4. 漆面瑕疵

重新喷过油漆的表面或多或少都会留下瑕疵：橘皮纹、小颗粒、砂纸纹、水流纹、火山口、鱼眼、拉底纹等。

5. 其他方面

如果车身颜色的一致度和漆面的平整度比较好，也显得比较新，说明该车使用的时间较少和存放较好，但也可能是做了全车翻新。

按照以下检查方法，就能确定车辆是否做过全车翻新：

(1) 打开车门，注意车门边缘和车门立柱处是否与新的外部漆相配。

(2) 查找发动机舱或发动机舱壁上是否有重喷的漆。注意新漆颜色是否与发动机舱和下面发动机罩的颜色相配。发动机舱和发动机罩通常与原来的漆颜色相同。

(3) 提起车门框上的密封橡胶嵌条或提起前窗玻璃嵌条。除非在喷漆前已拆下所有嵌条，否则底下还是原来的漆。

(4) 用专用检测仪（如漆膜厚度计）检测漆膜厚度。这是最简单也是最有效的方法。一般漆层厚度只有 $50 \sim 150\ \mu m$，原车的漆膜厚度在车身外表的每一个地方都是一致的，如果做过全车漆面翻新，就一定达不到这样的要求。

(5) 如果已经断定车辆做过全车翻新，可以用冰箱磁铁来测试、判断车身外观的损坏情况：用冰箱磁铁（冰箱磁铁包上布，以免损伤漆面）在车身的周围碰磁，以确定是否有较厚的腻子层，或者用敲击听回音的方式来判断是否有较厚的腻子层。

(二) 装配间隙的检查

车身覆盖件之间的间隙一般在 $3 \sim 5\ mm$ 之间，从车身覆盖件之间的间隙大小和间隙的均匀程度，也能对车身的事故状况和修复质量进行鉴定。

检查以下几个部位的装配间隙，就能判定该部位是否受到过碰撞和损伤的程度。

1. 目视检查发动机盖与左右前翼子板之间的间隙

发动机盖与左右前翼子板之间的间隙一般为 $3 \sim 5\ mm$，并且两条间隙均匀、相等。

2. 目视检查前翼子板与前车门之间的间隙

前翼子板与前车门之间的间隙一般为 $3 \sim 5\ mm$，并且两侧间隙均匀、相等。

3. 目视检查车门与门框之间的间隙

由于各车型车身构造的不同，车门与门框之间的间隙主要是检查其均匀和一致的程度。前后门之间的间隙应该与前翼子板与前车门之间的间隙一致。

4. 目视检查行李厢盖与左右后翼子板之间的间隙

行李厢盖与左右后翼子板之间的间隙一般为 $3 \sim 5\ mm$，并且两侧间隙均匀、相等。

另外还要检查行李厢盖与左右后翼子板之间过渡是否平整。

5. 目视检查前、后保险杠的装配间隙

由于各车型车身构造的不同，检查前、后保险杠的装配间隙主要是检查间隙均匀和一致的程度。另外，由于前后保险杠的安装大多采用一次性的塑胶扣，从塑胶扣的表面也能断定保险杠是否被拆装过。

6. 目视检查仪表板的装配间隙

由于各车型车身构造的不同，检查仪表板的装配间隙主要是检查其均匀和一致的程度。另外，仪表板的表面（特别是边、角）如果有被撬过的痕迹，则很有可能被拆装过。一般来说，比较严重的碰撞事故修复才会拆装仪表板。如图 3-2 所示，仪表板被拆卸过，安装时未能完全装配到位，据查，该车发生过严重事故，侧气囊曾爆开。

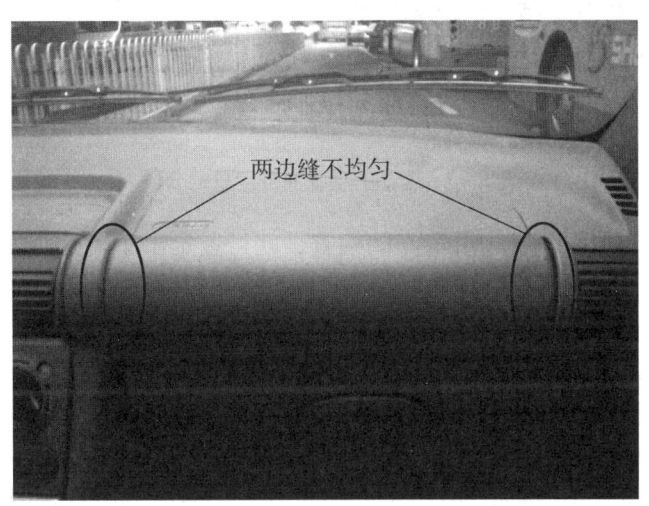

图 3-2　不均匀的装配边缝

（三）车体骨架的检查

车身壳体按受力形式分为非承载式、半承载式和承载式三种类型。

目前，轿车全部采用承载式车身壳体，大客车也大多采用承载式车身壳体，货车基本上采用非承载式车身壳体。而半承载式车身壳体较少被采用。

非承载式车身下面保留有车架，车身与车架非刚性连接，车架的刚度大，载荷全部由车架承受，车身壳体不承受载荷。非承载式车身通过多个橡胶衬垫沿车身总长安装在车架上，对路面振动有一定的隔绝作用，平顺性较好，当碰撞时大部分能量由车架吸收。同时，车架又对车身底部有保护作用，可以减少不平路面的损害。

承载式车身取消了车架，全部载荷由车身承受，底盘各部件直接与车身相连。这种形式的车身，由于承载部位的不同又分为底架承载式和整体承载式两种，前者底架部分强度较大，承受大部分载荷；而后者则是整个车身形成一个参与承载的整体。承载式车身的制造是将薄钢板压制成形状各异的板件，然后再点焊成一个整体，因而质量轻、刚性好、抗弯抗扭性强，无独立车架，整车很紧凑，缺点是传动系和悬架的噪声大。

轿车普遍采用承载式车身结构，而承载式轿车车身主要由前车身、中间车身、后车身及其他相关附件组成。车身由 A、B、C 三段组成，如图 3-3 所示。

将一车身划分成不等的壳体刚度称为壳体强度分级。乘客室应尽可能具有最大的刚度，而相对于乘客室的前、后室（发动机舱、行李舱）则应具有较大的韧性，当汽车发生正阶碰撞或追尾等事故时，所产生的冲击能量可以在车身前部 A 段或后部 C 段得以迅速吸收，以前车身或后车身局部首先变形成 A' 或 C'，来保证中部乘客室 B 段有足够的活动范围与安全空间。

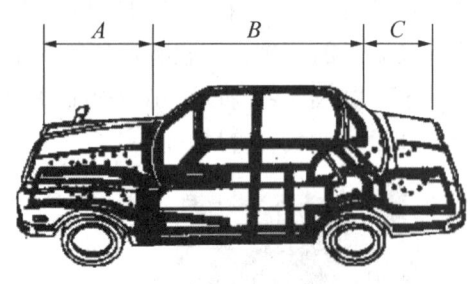
(a) 车身的三段组成

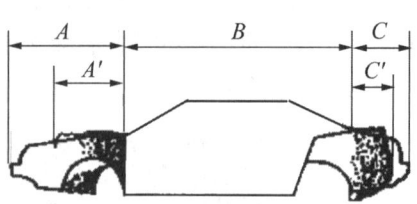
(b) 车身的吸能变形

图 3-3　车身上吸收冲击能量的分段

通过对前车身、中间车身、后车身的检查，就可鉴定出车辆是否发生过碰撞以及碰撞的严重程度。

1. 前车身的检查

（1）散热器框架。散热器框架又称为龙门架，打开发动机盖就能看到，由于其表面不规则，所以受到外力变形后很难将其修复回原状，能很容易地看到维修过的痕迹。对于比较严重的碰撞，一般都会更换它。大部分车辆的龙门架与大梁的连接是通过焊接的，从焊接部位就可以断定龙门架是否更换过（图 3-4）。有些车型的龙门架与大梁的连接是通过螺栓连接，对此，要通过对螺栓和龙门架的漆面检查来判断。

 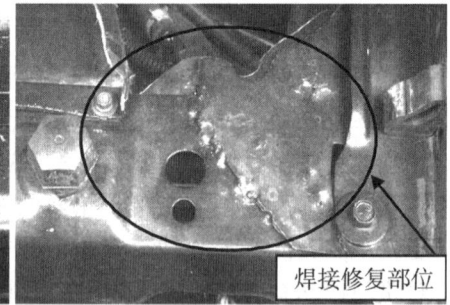

图 3-4　龙门架修复对比

（2）减振器塔。减振器塔的检查与龙门架一样，从外观和焊接点，很容易鉴定是否维修过或更换过。如果减振器塔经过更换，就说明该车发生过比较严重的碰撞（图 3-5）。

（3）前车身纵梁。由于前车身纵梁起着吸收碰撞能量的作用，所以被设计成变截面的，有些部位还打孔。在检查车辆时，主要检查截面最小的部位和打孔的部位是否变形，如果发现变形，则表明该车

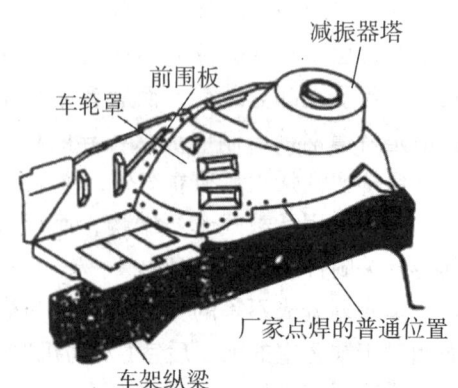

图 3-5　减震器塔结构

出过比较大的事故。有些车辆虽然经过修复，但只要观察仔细，很容易看出被修复过的痕迹。如果前车身纵梁被更换过，从纵梁与车身连接的焊接状况可以比较容易看出来，表明该车出过大的碰撞事故。

（4）前底架。前底架上由于安装着汽车底盘的很多总成和部件，所以其表面和截面都比较复杂，如果车辆事故造成了底架变形，修复起来很困难，经过修复的前底架很容易被鉴别出来。造成底架变形的是比较严重的事故。另外，如果看到底架比较新，则该底架被更换过。

2. 中间车身的检查

（1）前、中、后立柱（A、B、C柱）和门框。对这些部位主要检查外观和门框密封嵌条下门框边沿。有些汽车生产厂家会在立柱上贴有提示和数据标签，从这些标签边沿就能看出立柱是否喷过漆。揭下门框密封嵌条，从门框边沿就可以从原厂的焊点来看出立柱和门框是否被修复或更换过，如图3-6所示。

图3-6　车身框架修复对比

（2）地板。从车底检查地板，如果发现有皱折，则说明车辆发生过严重的事故。另外，由于所有的汽车底盘都涂有防护胶，如果进行修复，防护胶层就会遭到破坏而留下痕迹。

（3）后车身纵梁。检查方法与前车身纵梁的检查方法相同；但是，后车身纵梁一般是不能更换的，所以更容易鉴定。

（4）后底架。检查方法与前底架的检查方法相同。

（5）备胎框。未发生过碰撞的车辆备胎框边缘是完整而圆滑的，当车辆受过大的撞击后，修复不太可能完全恢复到原来自然顺滑的状态，必然会留有褶皱，如图3-7所示。

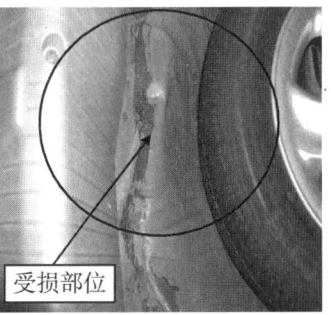

图3-7　车尾备胎框修复对比

(6)行李厢后挡板。行李厢后挡板作为整车最后面的部分,很容易受到撞击,也要重点检查,主要是检查表面的平整度。图3-8为修复后的行李厢后挡板。

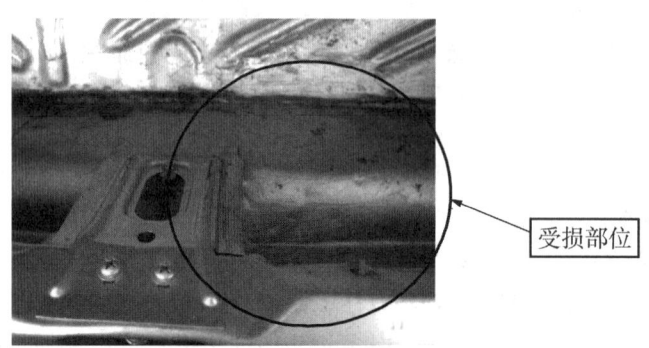

图3-8 修复后的行李厢后挡板

(四)行驶状况

车辆发生事故将会使车辆的技术性能下降、使用寿命降低并留下故障隐患,其影响程度与事故的严重程度和修复质量有关。有些车辆虽然事故不严重,但由于修复质量差,也会造成车辆技术性能有较大的下降。通过路试,可检查、鉴定车辆的修复质量。

1. 检查操纵稳定性

在行驶过程中:①以不同的时速直线行驶,检查车辆是否跑偏。②快速变道或超车,感觉车身的侧倾程度。

2. 检查噪声、振动和异响

在不同的路面以不同的时速驾驶车辆,留意车辆的噪声、振动的变化,是否有异响产生。如果车辆的噪声、振动的变化很大并有异响产生,说明事故严重并且修复质量差。

3. 检查制动性能

分别以50km/h和80km/h的制动初速度进行制动路试,记录制动距离、车辆跑偏的数据。另外,还要留意是否有制动异响、制动拖滞、ABS是否动作等。

三、事故鉴定技巧及口诀

(一)事故车鉴定技巧

1. 孔圆线直,过渡自然流畅

车辆在生产制造时,孔圆线直,过渡自然流畅,一般的钣金修复是很难做到与原车一致的,尤其是内部结构部分,如图3-9所示。

2. 车体周正,左右对称

车辆在设计生产制造时,从外观看车体是周正的,在主体结构上基本是左右对称的,当车辆发生碰撞,往往两边受损程度不同,修复时也很难做到完全一致,如图3-10所示。

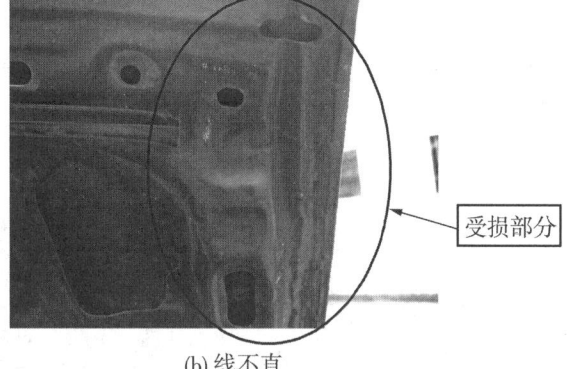

(a) 孔不圆　　　　　　　　　　　　(b) 线不直

图 3-9　修复后孔和线条很难保持原状

图 3-10　左右不对称

3. 车号牌异常

众所周知，正常的车辆牌照是不容易受损的，当车辆发生事故时，处于车身最前和最后端的车号牌就经常会受损。然而，车号牌不同于车身部件，基本不可修复，只有更换，就许多地区车辆管理部门的标准而言，换一块新车号牌并不容易，因此，受损的车号牌就透露出车辆曾经发生过事故的现实，如图 3-11 所示。

图 3-11　车号牌受损

4. 前后一致，内外一致

当发现一台二手车车身的前后并不是同一款车，或者外观和内饰并不是同一款车，便可怀疑这台车曾经发生过事故。如图 3 – 12 所示，车头是 1998 年前日产风度的款型，然而，车尾部却是 1998 年以后日产风度的款型，很明显，这台车的尾部受过撞击，并进行了换件维修。

(a) 车头为1998年前日产风度　　　　　　(b) 车尾为1998年后日产风度

图 3 – 12　同一台车前后并非同一款

5. 异常生锈

一部合格车辆的车身钢板都是经过防锈处理的，当发现车身某部件异常生锈，而不是整体生锈，或者重点做了防锈涂层，就应该怀疑这里是否修复过。

（二）鉴定口诀

绕车走一圈，看看各线条；
打开前后盖，瞧瞧主副梁；
左右两塔顶，外加防火墙；
地毯记看掀，玄机在里面；
开关各车门，拉开水胶条；
弯腰探车底，车顶别忘记。

第三节　汽车发动机技术状况鉴定

发动机是汽车的心脏，其结构和工作原理比较复杂，维修费用较高。对发动机的技术状况鉴定需要通过静态检查、动态检查和仪器设备检测来进行。

一、发动机的静态检查

（一）检查发动机的外部状况

（1）打开发动机罩，观察发动机表面是否清洁，是否有油污，是否锈蚀，是否有零部件损伤或遗失，导线、电缆、真空管是否松动。保养良好的发动机应该是表面清洁无油污、导线、电缆、真空管排列整齐，安装牢固。

(2)检查气门室盖的密封垫和气缸垫是否更换过，由此可以判断发动机是否曾被拆解和维修、是否规范。

(二)检查发动机号码

查看发动机上的号码，检查其字迹是否清晰、标准。每一种发动机都会有自己唯一的号码，对于不同的发动机，号码的格式完全不同，号码的位置也不同，但同一车型的发动机号码其字体、格式和位置一定是相同的。

(三)检查发动机冷却系统

1. 检查冷却液

(1)从副水箱查看冷却液的量是否在标准范围内。

(2)冷却液颜色应该是浅绿色的(也有些冷却液是红色的)。

(3)冷却液中不应有油料浮动。

(4)冷却液闻起来不应该有汽油或机油味，如果有，则发动机气缸垫可能已烧坏。

2. 检查散热器

(1)检查散热器外观，应该是无损伤、无渗漏、无污物。

(2)打开散热器盖，散热器内部清洁无污垢，散热器盖密封垫良好。

3. 检查水管

(1)软管外表应光洁，无老化、无破损，无变形或局部鼓包。用手挤压软管，应该富有弹性，而不是又硬又脆。

(2)铁水管有无锈蚀。

(3)接头连接是否良好，密封有无渗漏。

4. 检查冷却风扇

(1)目视检查风扇叶片，看是否有破损或变形。

(2)用手转动风扇叶片，是否感到有卡滞。

(四)检查发动机润滑系统

1. 检查机油油位

拔出机油量油尺并检查机油油面。油面应该在油尺刻度线中部或偏上。

2. 检查机油质量

查看机油尺上的机油有无金属屑，有则说明发动机内部机件磨损严重；拧下加油口盖，加油口盖底面应无污物，如果有一层黏稠的浅棕色巧克力乳状物，还可能有与油污混合的小水滴，则表明冷却液已经通过损坏的衬垫或者气缸盖、气缸体裂纹进入机油中。

3. 检查机油滤清器

主要是查看机油滤清器是否有泄漏。

4. 检查机油是否泄漏

比较容易发生机油泄漏的地方有：气门室盖、气缸垫、油底壳垫、曲轴前后油封、油底壳放油螺塞、机油滤清器、机油散热器的机油管、机油散热器、机油压力感应塞等。

（五）检查点火系统

1. 检查蓄电池

①检查标牌；

②检查蓄电池的表面情况；

③检查蓄电池托架或蓄电池安装箱。

2. 检查点火线圈

①查看点火线圈外表是否变形、破损；

②检查导线插头是否损坏，端子是否腐蚀、漏电；

③测量初级线圈、次级线圈的电阻，是否在标准范围内。

3. 检查火花塞

①检查火花塞的间隙是否在标准范围内；

②检查火花塞是否积垢；

③检查中心电极是否烧蚀；

④检查绝缘体是否有裂纹。

（六）检查发动机的供油系统

①检查燃油是否泄漏（燃油箱、油箱盖、管路）；

②检查汽油管路是否老化、变形、渗漏；

③检查高压油泵是否渗漏；

④检查喷油器、油压传感器及计量阀插头、线路是否损坏。

（七）检查发动机进气系统

1. 检查空气滤清器

检查滤清器是否有脏污、潮湿，是否为原厂件。若滤清器有机油油污，说明发动机内部串气严重。

2. 检查进气软管

用手拿捏进气软管，若表面出现裂纹就说明进气软管已经老化，需要更换。

3. 检查真空软管

①用手弯折真空软管，若表面出现裂纹就说明真空软管已经老化，需要更换；

②拔下真空软管，若感觉比较松，就说明接口已经硬化，密封不良，会造成真空泄漏。

4. 检查涡轮增压器

查看涡轮增压器的机油是否渗漏。

（八）检查机体附件及发动机线束

1. 检查发动机支脚

①查看发动机支脚橡胶件是否出现破损或渗漏；

②对于真空调节的发动机支脚还要检查真空管和其连接状况。

2. 检查正时带

①拆下正时带外罩，目视检查正时带是否出现裂纹、断裂、破损、磨光、机油浸透

等情形；正时带的寿命一般是行驶里程8万～10万公里；

②对正时链的检查，则要按照厂家的要求来操作。

3. 检查发动机各种皮带传动附件的支架和调节装置

用扳手或套筒检查发动机支架、空调压缩机支架、转向助力泵支架和皮带张紧装置的安装是否牢固。

二、发动机的动态检查

发动机的动态检查是检查发动机的各项工作性能，如发动机的启动性能、怠速稳定性、动力性、异响、排放等项目。

（一）检查启动性能

(1) 接通点火开关(ON挡)，观察各仪表灯是否正常点亮；

(2) 发动机启动时，看启动是否迅速，起动机是否良好无异响。一般应一次启动成功，时间不超过3秒。

（二）检查怠速稳定性

1. 无负荷时检查

发动机启动后，使其怠速运转，然后到车头前听听有没有运转杂音，如有杂音，说明机件磨损过大；看看发动机运转是否平稳，转速是否在正常范围内。

2. 负荷怠速检查

分别在空调压缩机工作、大灯打开、急转方向盘等负荷怠速工况时检查发动机运转的稳定性。

3. 检查发动机的动力性

(1) 检查加速的灵敏性。待水温、油温正常后，由怠速状态突然踩下加速踏板，看发动机转速是否可以由低速到高速灵活反应；然后由加速状态猛松加速踏板，看是否怠速熄火。

(2) 维持发动机高转速，观察发动机工作是否稳定有力，冷却液温度是否正常。

4. 检查异响

分别在怠速、负荷怠速、慢加速、急加速等工况下，分别在发动机舱前和驾驶座上倾听发动机的声音，是否有异响出现。

5. 检查发动机的排放

(1) 检查发动机窜油、窜气情况。打开机油口的盖子，慢慢加油，若窜气严重，用肉眼就可以看出。若窜气不严重，可用一张白纸，放在离加机油口5cm左右的地方，然后加油，若窜油、窜气，白纸上会有油迹，严重时油迹大。

(2) 检查排气颜色。正常的汽油机在工作时排出的气体应是无色的。如果排气烟色为蓝色，说明机油窜入燃烧室，气缸内有机油燃烧。如果排气管冒黑烟，是混合气过浓或点火时刻过迟等原因所致。

三、使用汽车检测仪器、设备检测发动机

利用静态检查和动态检查，可以对发动机的技术状况进行定性的判断，即初步判定

发动机的运行情况是否基本正常、有无故障及故障的可能原因及部件的新旧程度等。当对发动机各项技术性能进行定量、客观的评价时，通常需借助一些专用仪器、设备进行。

（1）发动机功率检测。主要是利用无负荷测功仪、发动机综合测试仪测试发动机功率。

（2）气缸密封性检测。主要是利用气缸压力表、曲轴箱窜气量检测仪、气缸漏气量检测仪、真空表对气缸压力、曲轴箱窜气量、气缸漏气率、进气管真空度进行测试。

（3）点火系统检测。主要是利用发动机综合测试仪、汽车电器万能试验台、汽车专用示波器对发动机点火波形、点火提前角进行测试。

（4）燃油系统检测。用燃油压力表测试燃油压力。

（5）润滑系统检测。用机油压力表、机油品质检测仪测试机油压力、润滑油品质。

（6）异响检测。用发动机异响诊断仪测试发动机异响。

第四节 汽车底盘技术状况鉴定

汽车底盘是整个汽车的机体，支承着发动机、车身等各种零部件，同时将发动机的动力进行传递和分配，并按驾驶员的意志行驶。

汽车底盘由传动系、行驶系、转向系、制动系四大系统组成。对四大系统的技术状况进行鉴定构成汽车底盘技术状况鉴定的全部内容。

一、汽车底盘的静态检查

（一）底盘漏油的检查

1. 传动系统的漏油检查

①目视检查离合器总泵、分泵外表是否有漏油痕迹；

②目视检查变速箱外表是否有漏油痕迹；

③目视检查传动轴防尘套是否有漏油痕迹。

2. 行驶系统的漏油检查

①目视检查减振器外表是否有漏油痕迹；

②目视检查转向节球头和拉杆球头外表是否有漏油痕迹。

3. 转向系统的漏油检查

①目视检查转向助力泵外表是否有漏油痕迹；

②目视检查转向助力油管外表是否有漏油痕迹；

③目视检查转向器外表是否有漏油痕迹；

④目视检查转向横拉杆球头外表是否有漏油痕迹。

4. 制动系统的漏油检查

①目视检查制动总泵外表是否有漏油痕迹；

②目视检查制动分泵外表是否有漏油痕迹；

③目视检查制动钳外表是否有漏油痕迹；

④目视检查制动管路外表是否有漏油痕迹。

（二）底盘橡胶件的检查

1. 传动系统橡胶件的检查

①目视检查变速箱各支撑是否有裂纹或破损；

②目视检查传动轴防尘套是否有裂纹或破损。

2. 行驶系统橡胶件的检查

①目视检查减振器支撑座橡胶件是否有裂纹或破损；

②目视检查横向稳定杆橡胶件是否有磨损或破损；

③目视检查排气管吊胶是否有裂纹或破损。

3. 转向系统橡胶件的检查

①目视检查转向器防尘套是否有裂纹或破损；

②目视检查转向器固定座橡胶件是否有磨损、裂纹或破损；

③目视检查转向器横拉杆球头防尘套是否有裂纹或破损。

4. 制动系统橡胶件的检查

弯折制动软管，目视检查制动软管是否有裂纹或破损。

（三）车轮及轮胎状况检查

1. 车轮的检查

很多人认为车轮是坚固件，一般不会有问题，而轮胎则是易损件，必须及时检查与更换才有安全行车的保证。因此，一般只检查轮胎而忽略车轮检查。要想行车安全，好的轮胎是必不可少的，但也需要可靠的车轮作保证，因为质量不好的车轮不仅会加剧轮胎的磨损，而且会影响车辆的操纵性与安全性。常见车轮故障有车轮锈蚀和车轮变形，其具体检查如下：

①仔细地察看车轮的外围和轮辋上是否有碰撞痕迹或裂纹。

②目视检查车轮是否变形，较小的变形量要通过动平衡才能检测出来。

2. 轮胎的检查

①检查轮胎的生产日期是否超过使用期限；

②检查胎面的花纹，四个轮胎的胎面的花纹是否一致；

③检查胎面花纹的纹沟深度是否达到磨损极限，胎面磨损是否均匀；

④检查胎侧是否损伤或鼓包。

以上检查若出现异常，必须更换轮胎。

二、汽车底盘的动态检查

（一）离合器的检查

①踩下离合器踏板，检查离合器踏板力和自由行程，应符合车型要求；

②挂一挡起步，离合器应接合平稳，不得有异响、抖动和打滑现象；

③在行驶中变换挡位，应手感平顺，接合分离时无顿挫感；

④急加速时，应无打滑现象。

(二)变速箱的检查

1. 手动变速箱的检查

①操作换挡杆,检查挡位是否清晰、正确;

②在行驶中变换挡位,检查挡位是否清晰、手感是否平顺;

③急加速时,换挡杆有无抖动,换挡锁止是否良好;

④行驶时各个挡位是否无异响。

2. 自动变速箱的检查

(1)空挡启动检验。

核查汽车的发动机是否仅在自动变速器选挡手柄处于"N"或"P"位时方可启动,若发现发动机在选挡手柄被置于除"N"和"P"位以外的其他位置(如"D""R"位等)时也能启动,则应调整空挡启动开关或检查挡位传感器。

(2)发动机怠速检验。

当自动变速器选挡手柄置于挡位"N"时,发动机转速是否在规定的范围内。

(3)时滞试验。

时滞试验的目的,是测定发动机怠速时,自动变速器自选挡手柄从"N"挡到"D"挡或"R"挡,直至感觉到换挡冲击为止的这一段滞后时间。换言之,从"N"挡到"D"挡或"R"挡,中间经历液压控制系统启动、行星齿轮装置启动,一直到将驱动力矩传至汽车驱动轮这一段完整的时间。

测定时滞的时候,先用驻车制动器锁住汽车,然后启动发动机,在关掉空调系统的前提下检查怠速转速是否在允许的范围内,如是,则将选挡手柄从"N"挡到"D"挡,用秒表测量从换挡开始至感觉到振动的时间差,然后用同样的方法,测量"N"挡至"R"挡时的时滞。对绝大多数使用自动变速器的汽车来说,"N"挡到"D"挡的时滞应小于 $1.2\,s$,"N"挡到"R"挡的时滞应小于 $1.5\,s$。

自动变速器中离合器、制动器盘与片之间的间隙因磨损等原因变得越大,则接合所需时间越长;而管路中的油压越低,获得离合器、制动器活塞工作压力所需的时间也越长,因而时滞越长。

(4)失速试验。

进行失速试验的目的,是通过测量选挡手柄置于"D"挡或"R"挡时的失速转速,来检查自动变速器和发动机的整体性能。

试验时,先用垫木挡住4个车轮,然后将转速表接至发动机,拉紧驻车制动器,再将制动踏板牢牢地踩到底。准备就绪后,启动发动机,将选挡手柄拉至"D"位,再把加速踏板一脚踩到底,与此同时,记住发动机的最高转速,即失速转速;接着,将选挡手柄推至"R"位进行同样的试验并快速读出相应的失速转速。试验完成后,将"D"挡和"R"挡的失速转速与汽车制造厂家提供的失速转速标准值进行比较,以分析原因。多数正常情况时,转速一般介于 $2000\sim 2500\,r/min$ 之间,过高说明离合器片打滑、烧蚀严重,偏低则动力不足。

(5)道路试验。

自动变速器最终是以其在车辆行驶状态下所表现出来的使用性能和换挡性能的优劣来加以评价的,所以,道路试验是重要的而且也是必须做的试验。

道路试验是对汽车自动变速器性能的最终检验，检验内容侧重于换挡点、换挡冲击、振动、噪声和打滑等诸方面。进行道路试验时，由于只能凭试验人员的感觉来判断是否已换挡，即捕捉换挡冲击来加以判断，所以试验人员必须有驾驶自动变速器汽车的经验，否则路试的结果不会太理想。

道路试验前，汽车的发动机、底盘等各总成或系统的技术状态应完好，自动变速器应已经过了各种检查和试验。考虑到自动变速器的升、降挡换挡点因具体的车辆型号不同而异，所以在进行道路试验前，要设法找到被试车型自动变速器的换挡规律图或换挡一览表，以便加以对照检查。

进行道路试验时，自动变速器中的油液温度应处于正常状态。

(三)行驶系统稳定性检查

(1)以不同的时速直线行驶，检查车辆是否跑偏。

(2)快速变道或超车，感觉车身的侧倾程度。

(四)转向系统操作性检查

(1)以不同的时速变向，检查转向系统的操作准确性。

(2)比较左右转向半径和转向力的大小。

(五)制动系统制动性、制动稳定性检查

以50 km/h的制动初速度做紧急制动，检查以下情况：

(1)检查ABS的动作情况。正常的情况是，ABS动作时，驾驶员会感觉到制动踏板有振动回弹力并伴随有"哒哒"声。

(2)检查制动跑偏情况。正常的情况是，车身没有跑偏。

(3)检查制动距离。正常的情况是，制动距离一般在10 m左右。

(4)检查驻车制动。将车辆停泊在约20%的斜坡上应能正常驻车，有上坡辅助系统的车辆功能应正常。

(六)底盘异响检查

(1)到不平的路面上行驶，倾听底盘是否有异响。如果出现异响，说明底盘有零部件发生了磨损或松动，需要检修。

(2)行驶通过减速带，倾听底盘是否有异响。如果出现异响，说明底盘有零部件发生了磨损或松动，需要检修。

三、使用汽车检测仪器、设备检测汽车底盘

(一)传动系统效率检测

传动系统的效率是从底盘测功试验台上测出的驱动车轮输出功率与发动机飞轮输出的功率之比。通常对汽车传动系统的机械效率都有一定的规定，轿车的传动效率为0.9～0.92，四驱车的传动效率为0.85。当被检车辆的传动效率低于规定值时，说明消耗于离合器、变速器、分动器、万向传动装置、主传动器、差速器和轮鼓轴承等处的功率太大，使得传动效率降低。损耗的功率主要集中在各运动件的摩擦损耗上，因此对传动效率进行检测可以判断传动系统的磨损和润滑情况。值得注意的是，新车的传动效率并不一定是最高的，只有传动系统完全走合后，由于配合情况变好，摩擦力减小，才使得传动效

率达到最大值。此后，随着车辆继续使用，由于磨损逐渐扩大，配合情况逐渐恶化，造成摩擦损失不断增加，传动效率也就随之降低。

（二）制动性能检测

汽车制动性能主要从以下三方面来评价：制动效能，即制动距离与制动减速度；制动效能的恒定性，即抗热衰退性能；制动时汽车的方向稳定性，即制动时汽车不发生跑偏、侧滑以及失去转向能力的性能。

依据国家标准 GB 7258—2017《机动车运行安全技术条件》的规定，可用台试检测制动性能，也可以用路试检测制动性能。一般情况下，用台试检测制动性能，但对台试检测结果发生争议时可以用路试检测进行复检，并以满载状态路试的结果为准，以保证对其制动性能判断的准确性。

1. 制动力检验

各种汽车在制动试验台上测出的制动力应符合表 3-1 的要求。其中对空载检验制动力有质疑时，可用表中规定的满载检验制动力要求进行检验。检验时制动踏板力或制动气压应符合有关规定。

表 3-1　台试检验制动力要求

车辆类型	制动力总和与整车重量的百分比/%		轴制动力与轴荷的百分比/%	
	空载	满载	前轴	后轴
乘用车、其他总质量小于等于 3500 kg 的汽车	≥60	≥50	≥60*	≥20

注：空载和满载状态下测试均应满足此要求。

2. 制动力平衡要求

GB 7258—2017《机动车运行安全技术条件》对左右制动力的平衡要求为：在制动力增长全过程中同时测得的左右轮制动力差的最大值，与全过程中测得的该轴左右轮最大制动力中大者（当后轴制动力小于该轴轴荷的 60% 时为与该轴轴荷）之比，对新注册车和在用车应分别符合表 3-2 的要求。

表 3-2　台试检验制动力平衡要求

车辆类别	前轴	后轴	
		轴制动力大于等于该轴轴荷 60% 时	制动力小于该轴轴荷 60% 时
新注册车	≤20%	≤24%	≤8%
在用车	≤24%	≤30%	≤10%

3. 制动力协调时间

GB 7258—2017 规定，对液压制动的汽车应小于等于 0.35 s，对气压制动的汽车应小于等于 0.60 s。

4. 阻滞力（拖滞）

进行制动力检验时，汽车、汽车列车各车轮的阻滞力均应小于等于轮荷的 10%。

5. 驻车制动性能检验

当采用制动检验台检验汽车和正三轮摩托车驻车制动装置的制动力时，机动车空载，使用驻车制动装置，驻车制动力的总和应大于等于该车在测试状态下整车重量的 20%，但总质量为整备质量 1.2 倍以下的机动车应大于等于 15%。

GB 7258—2017 规定：乘用车路试检验行车制动性能时，只要符合表 3-3 或表 3-4 之一者，即为合格。

表 3-3 制动距离和制动稳定性要求

车辆类型	制动初速度 /(km·h^{-1})	满载检验制动距离要求/m	空载检验制动距离要求/m	制动稳定性要求车辆任何部位不得超出的试车道宽度/m
乘用车	50	≤20	≤19	2.5

表 3-4 制动减速度和制动稳定性要求

车辆类型	制动初速度 /(km·h^{-1})	满载检验 MFDD /m·s^{-2}	空载检验 MFDD /m·s^{-2}	制动稳定性要求车辆任何部位不得超出的试车道宽度/m
乘用车	50	≥5.9	≥6.2	2.5

应该指出，上述路试和台试的各种方法，并不需要全部检验。当车辆经台试检验后，对其制动性能有质疑时，可用路试检验进行复检，并以满载路试的检验结果为准。

(三) 车轮定位检测

正确的车轮定位是车辆良好的操纵稳定性、直线行驶性能和自动回正能力的保证。定期对车轮定位参数进行检测和调整使其保持在正常范围内，能够减少轮胎异常磨损，减少悬架系统及转向机构零部件磨损和降低燃油消耗。

车轮定位一般指转向轮前束（或前张）、车轮外倾角、主销后倾角、主销内倾角，统称为前轮定位。现代汽车对后轮前束（或前张）、车轮外倾角参数也提出要求，通常进行四轮定位检测和调整。

用四轮定位仪来检测车轮定位，车轮定位的检测值应符合各车型的标准。

(四) 车轮动平衡检测

不平衡的车轮不仅加剧其本身的磨损，影响转向系、行驶系和传动系的正常工作，同时也是整车振动的激振源。车轮的平衡与否与汽车的平顺性、操作稳定性、安全性息息相关。

(五) 汽车悬架装置检测

汽车悬架装置是保证汽车平顺性的重要总成。同时，汽车悬架装置对汽车的安全性、操纵稳定性等诸多性能都有影响。

目前出现的悬架减振器检测台都是利用检测车轮和道路接地力的原理来快速评价悬架装置的品质和性能的。汽车车轮和道路的接触状态可用车轮作用在地面上的接地力来表征，依靠汽车行驶中车轮作用在道路上接地力的变化可评价汽车悬架装置的品质和性能。欧洲减振器制造商协会（EUSAMA）推荐的测量标准为：汽车车轮稳态时的载荷，定义为车轮和道路的静态接地力。汽车车轮在受外界激励振动下,汽车车轮在检测台上的变化载荷定义为动态载荷,将动态载荷的最小值与静态载荷之比值作为评价汽车悬架装置的指标。EUSAMA 比值分为四级:

① 80%～100% 表示很好;

② 60%～79% 表示好;

③ 40%～59% 表示足够;

④ 0%～39% 表示弱、不够。

第五节 汽车电器技术状况鉴定

汽车电器一般由电源系统、起动系统、灯光、仪表和信号装置、辅助电气设备、汽车空调等组成,对汽车电器的检查和检测也是通过静态检查、动态检查和汽车检测仪器、设备检测等。

(一) 蓄电池的检查

蓄电池的外观应极柱清洁,无电解液渗漏,安装牢固。

(1) 用手摇晃蓄电池及极柱夹头,检查安装是否牢固。

(2) 目视检查极柱是否氧化、是否有电解液渗漏;对发生了氧化的极柱和夹头,拆开后用开水冲洗,风干后涂上润滑脂并安装紧固。

(3) 检查标牌,看蓄电池是不是原装的以及生产日期等。

(4) 检查蓄电池电解液液面高度(对非免维护蓄电池)。

(5) 用万用表测量蓄电池起动电压,大于10V 说明蓄电池良好,小于9V 说明蓄电池老化或亏电。

(二) 发电机和充电系统的检查

正常情况是:皮带无裂纹、松紧度适宜;发动机启动后,充电指示灯亮或熄灭;发电机运转无异响。

(1) 目视检查皮带是否有裂纹。

(2) 用皮带检测器或用手按压皮带,检查皮带的张紧程度。

(3) 启动发动机,观察充电指示灯亮、熄。

(4) 启动发动机后,打开发动机盖,倾听发电机运转是否有异响。

(三) 起动系统的检查

正常情况是:接线柱安装牢固、清洁;运转有力、无异响。

(1) 目视接线柱是否清洁,用手晃动接线以检查是否安装牢固;

(2) 启动发动机时,倾听启动过程中运转是否有力、有无异响。

(四) 车外灯光的检查

正常情况是:灯光齐全有效。

此项需要两人配合检查:一人在车内按一定的顺序操作灯光键,另一人在车外观察灯光是否有效。

(五)仪表及指示灯的检查

在车内操作各种功能键,并观察功能是否有效、指示灯是否正常亮起和熄灭。

(六)电喇叭的检查

按压喇叭键,注意听喇叭声音是否正常。

(七)全车电器线路的检查

(1)打开引擎盖,目视检查发动机舱内线束排列是否整齐、有无断线或裸线;搭铁处是否整洁。

(2)用手晃动传感器插头和搭铁线,以检查接头是否牢固。

(八)风窗玻璃清洁装置的检查

(1)操作雨刮键,目视检查喷水柱的流量,观察方向和风窗玻璃清洁程度。

(2)操作雨刮键,检查雨刮挡位的动作并倾听是否有异响。

(3)目视检查雨刮胶片有无破损、硬化。

(4)有自动雨刮系统的车辆,将开关置于AUTO挡,向雨量传感器前方的挡风玻璃淋水,检查自动雨刮系统能否正常工作。

(5)关闭雨刮系统,观察雨刮臂是否准确回位。

(九)电动车窗及天窗的检查

操作电动车窗控制键,检查车窗玻璃升降是否到位、运行是否平顺安静。

(十)电动座椅的检查

操作电动座椅控制键检查控制功能是否齐全、座椅调节运行是否平顺安静。

(十一)电动后视镜的检查

(1)目视检查镜面是否有破损。

(2)操作电动后视镜控制键,检查其控制功能。

(3)观察运行是否平顺安静。

(十二)中央控制门锁

(1)在车外操作门锁遥控器,检查控制功能。

(2)在车内操作门锁控制键,检查控制功能。

(3)观察动作是否灵活、安静。

(十三)防盗系统的检查

按车辆使用说明书操作,检查防盗系统的功能是否正常。

(十四)安全带的检查

(1)反复拉伸安全带,检查其是否伸缩平顺、功能正常。

(2)目视检查安全带表面是否有污损。

(3)目视检查安全带指示灯亮、灭是否正常。

(十五)安全气囊的检查

按下点火开关或调至ON挡,观察SRS灯亮、灭是否正常。正常的情况是,SRS灯亮5～7 s后自动熄灭。

(十六)音响系统

根据车辆使用说明书,操作音响控制键和调节键,检查音响系统的功能。

(十七)空调系统的检查

(1)操作空调温度调节开关,检查调节功能是否正常。

(2)操作各风门控制键,检查其功能。

(3)在操作各种开关或控制键时,倾听空调系统运行是否平顺和安静。

(4)将空调温度调至最低,用手感觉其制冷效果(必要时用温度计检测)。

(5)大拇指按压皮带,检查其张紧是否适度;目视检查皮带表面是否有破损、裂纹。

(6)在出风口处嗅气味(尤其在第一次开空调时),检查是否有异味。

第六节 汽车综合技术状况鉴定

本章前面的章节是对汽车的系统或项目进行技术状况鉴定,但在实际工作中,既要提高工作效率,又要保证鉴定时不至于漏项,所以鉴定工作要按一个合理的流程来进行。鉴定工作一般由静态检测、动态检测、检测线(站)检测等三个大的环节组成。

一、静态检测

静态检测是检查人员根据经验,在车辆静止(发动机熄火)的状态下,通过目视或辅以简单的工具、量具,对汽车进行直观的技术状况检查鉴定。按以下步骤进行。

(一)准备工作

准备工作的目的是保证顺利完成检测鉴定工作。

(1)有条件的,应清洗车辆、晾干。倘若表面灰尘较多,将会影响对表面油漆的准确判断。

(2)准备好工具和量具、记录用的表格和笔。

(3)将车辆停放至工作场地。工作场地要求光线好、通风好。

(二)识伪检查

识伪检查的目的是检查车辆的"身份"。具体检查车辆的 VIN 码和发动机码。

(三)发动机外观检查

发动机外观检查的目的是检查发动机的维护状况。

(1)打开发动机盖,观察发动机表面是否清洁,是否有油污,是否锈蚀,是否有零部件损伤或遗失,导线、电缆、真空管是否松动。维护良好的发动机外观应该是表面清洁无油污,导线、电缆、真空管排列整齐,安装牢固。

(2)检查气门室盖的密封垫和气缸垫是否更换过,由此可以判断发动机是否被拆解和维修是否规范。

(四)绕车检查车身外表

绕车检查的目的是检查车灯、后视镜以及外饰件、漆面完好程度和事故的严重程度。

(1)绕车一周,目视检查前栅网、车灯、后视镜、车门防撞条等,检查它们外表是否有损伤。对高档车来说,车身外表的完好显得尤为重要。

(2)在绕车检查时,在离开车身3 m左右分别从几个角度观察车身表面的平整度。

(3)在做绕车检查时,在两块钣金件之间从不同角度观察它们之间的颜色差异和粗糙度。

(五)车辆内饰检查

车辆内饰检查的目的是检查车辆内饰的完好和清洁程度以及事故的严重程度。

(1)目视检查方向盘的磨损程度。

(2)检查刹车踏板、离合器踏板胶垫的磨损程度。

(3)目视检查座椅套的磨损程度、清洁程度。

(4)目视检查仪表台,观察它与车身的密合程度或间隙的均匀度。

(六)车身电器检查

车身电器检查的目的是检查车身电器的完好性。操纵各类电器功能开关,检查其功能是否完好。

(七)车架检查

车架检查的目的是检查车辆碰撞的严重程度。通过对散热器框架、减振器塔、前纵梁、前底架、前中后立柱和门框、行李厢、后纵梁、后底架的检查,判断车辆是否发生过大的碰撞。

二、动态检测

分别在怠速和行驶状态下,根据检测人员的经验,辅之以简单的检测仪器仪表,对汽车的技术状况进行定性、直观的技术状况检查鉴定。

(一)准备工作

(1)准备好工具和量具、记录用的表格和笔。

(2)将车辆停放至工作场地。工作场地要求:光线好、通风好。

(3)打开引擎盖,检查机油、变速箱油、转向助力油、制动液、冷却液的质量和数量,并检查上述油液是否有泄漏。

(4)检查传动皮带的状况。

(5)检查发动机舱内水管和真空管状况。

(6)检查发动机舱线束的状况。

(7)检查蓄电池的状况。

(二)电源和起动系统的检查

(1)启动发动机,检查启动是否顺利。

(2)观察仪表上的充电指示灯是否正常点亮和熄灭。

(3)观察仪表上的其他指示灯是否正常点亮和熄灭。

(三)检查怠速和负荷怠速

(1)冷车启动后是否有快怠速。

(2)暖机后,怠速是否达到标准值。

(3)左右急转方向盘,观察怠速的变化情况。

(4)操作空调开关和控制键,观察怠速的变化情况、温度控制情况、出风控制情况。

(5)操作大灯开关和变光功能键,观察怠速的变化情况、仪表指示情况。

(四)检查其他电动设备

(1)操作车窗控制键,检查车窗的升降功能。

(2)操作座椅控制键,检查电动座椅的调节功能。

(3)操作音响控制键,检查音响的功能。

(4)操作室内灯开关,检查室内灯的工作状况。

(5)操作中控门锁开关,检查中控功能。

(五)路试

(1)准备工作:确认试车路线,检查燃料、轮胎气压等。

坐在驾驶员座椅上时,进行下列检查:

①检查驻车制动拉杆的行程(即齿数)。

②将前轮置于正前方,在两个方向逐渐转动方向盘,检查操作方向盘时的自由行程。

③向前、向后、向上和向下调节方向盘,检查是否松动或发出异响。

④踩下制动踏板和离合器踏板,检查是否出现异常反应或噪声。

⑤踩下制动踏板或离合器踏板,然后启动发动机。

(2)启动发动机:

①检查真空助力:当启动发动机时,制动踏板是否下沉。

②发动机启动后,再踩制动踏板数次,并检查行程的长短是否发生变化;熄灭发动机,立即踩下制动踏板数次,并确定踏板冲程逐渐缩短。

③确定当发动机加热到足够的温度时自动将快怠速转换。

④加快发动机的转速,并确定油门踏板操作正常。同时还应确定能够平稳提高和降低发动机转速(如果车辆装有转速表,检查转速表操作是否正常)。

⑤如果是手动变速箱车辆,移动换挡杆,查看是否有异常振动、松动或噪声。

⑥如果是自动变速箱车辆,确定换挡杆换至每一挡位的操作是否正常,而且仪表总成上的自动变速箱的挡位指示灯显示相应的位置。

⑦检查踩下离合器踏板时是否感到相当大的抵抗力,并且是否产生异常噪声。

(3)启动车辆,进行路试:

①检查换挡杆是否能够正常换至1挡或倒挡,并同时检查离合器是否在适当位置接合。

②开始驾驶车辆,并确定车辆可平稳加速。

③如果是配置自动变速箱的车辆,应检查能否平顺执行升挡、降挡。

④检查在行驶过程中,车辆是否平稳,有无异常噪声或振动,辅助驾驶功能是否正常。

⑤在低速行驶时施加驻车制动,确定制动操作是否正确。

⑥中速行驶,踩下制动踏板,分别进行点刹、急刹和缓慢制动,检查制动是否灵敏、跑偏、平稳或有异响,ABS是否正常启动。

⑦确定方向盘是否对中、操作正常。
⑧直行驾驶时，松开方向盘，并确定车辆不会向左或向右偏行。
⑨转弯后，确定方向盘能够顺畅回到中间位置。
⑩在不平路面行驶或经过减速带时，注意倾听底盘是否有异响。

第七节　新能源二手车技术鉴定

新能源汽车中的电动汽车包括纯电动汽车、混合动力汽车和燃料电池汽车等，现阶段在二手车市场交易的新能源汽车绝大部分是纯电动汽车和油电混合动力汽车。

纯电动汽车总体结构与传统燃油汽车大体一致，也是由动力系统、底盘、车身和电器四大部分组成；混合动力汽车同时配置了发动机和电动机两个动力系统。因此，对二手新能源汽车的技术鉴定，发动机、底盘、车身和电器部分（低压部分）可以参考传统燃油汽车进行。

纯电动汽车动力系统主要由电池、电机、电控三部分组成，对纯电动二手车鉴定评估的核心鉴定评估内容即为这三部分的鉴定，除核心部分外还包括冷却、空调、转向、制动、照明与信号等辅助系统的评估。

一、安全防护

对电动汽车动力系统检查时，如需接触高压部件，应按要求做好安全防护准备。
（1）车辆停车断电，操作车辆下电。
（2）戴好高压绝缘手套，检查确认绝缘手套的有效期、绝缘电压是否符合要求，有无破损。
（3）断开"高压维修开关"。对于配置维修开关的车辆需将维修开关拆下，并妥善保管。

二、电池系统鉴定

（一）电池鉴定方法

新能源车电池系统的鉴定主要从以下几个方面进行：
（1）采用目视方法对电池系统进行外观检查，外观检查项目如表3-5所示，并确认动力电池系统基本数据（电池厂家、型号、额定电压、额定容量/能量）与原汽车生产厂家数据相一致；评估前需检查车辆充电功能，确保可正常进行交流、直流充电。
（2）采用电脑解码器（整车诊断仪）读取电池系统数据，进行电池系统基本性能检查，应无电池系统的电压、温度、绝缘等故障报警。
（3）采用电量评估法测量动力电池系统可充入电量，或者采用容量评估法测量动力电池系统实际容量，并确认电池管理系统功能，实现电池系统评估。
（4）依据车辆使用者出具的经过认定的或者车辆生产厂家、第三方监控平台提供的历史数据，从驾驶行为、充电行为和环境因素等方面进行电池系统辅助评估。
（5）在评估过程中还需考虑电池系统质保年限、质保里程等相关因素。

表3-5 电池系统外观检查项目

序号	检查项目	序号	检查项目
1	电池铭牌与出厂的数据是否一致	7	电池箱固定件是否松动、破损
2	是否有起火痕迹	8	直流充电插座是否异常(松动、脱落、变形、腐蚀)
3	是否有腐蚀痕迹	9	电池系统插接件是否异常(松动、脱落、变形、腐蚀)
4	是否有浸水痕迹	10	交流充电插座是否异常(松动、脱落、变形、腐蚀)
5	电池箱是否为原厂配件	11	电池高低压线束及防护是否破损腐蚀
6	电池冷却系统是否渗漏、损坏		

(二)综合性能评价

综合性能评价包括电池当前电量(容量)状态及历史行为评估两部分,即:综合性能评价值 R = 电量(容量)可用状态 × 历史使用影响因素系数

1. 电量(容量)可用状态

电量(容量)可用状态计算公式为:

电量可用状态:$E_S = (E_c - E_{end})/(E_r - E_{end})$;

如果 $E_c \geq E_r$ 时 $E_S = 1$,$E_c \leq E_{end}$ 时 $E_S = 0$;

容量可用状态:$C_S = (C_c - C_{end})/(C_r - C_{end})$;

如果 $C_c \geq C_r$ 时 $C_S = 1$,$C_c \leq C_{end}$ 时 $C_S = 0$;

其中:

$E_c(C_c)$ 为实际电量(容量):实际测试电量(容量)或通过历史数据估算值;

$E_r(C_r)$ 为额定电量(容量):新车公告的电量(容量);

$E_{end}(C_{end})$ 为电池寿命终止电量(容量):达到电池寿命终止的电量(容量),按国家标准或厂家电池质保的电量(容量)。

$E_S(C_S)$ 为可用的电量(容量)。

(1)实际电量 E_c 测量方法。

在室温(25℃±5℃)下按照以下顺序进行充电测试:

①将动力蓄电池系统调整至车辆所能达到的最低荷电状态(SOC);

②将动力蓄电池系统充电至满电状态,记录充入的电量 E;

③如采用交流充电时,计算充入实际电量需考虑车载充电机的转换效率,实际电量 E_c 的计算公式为:

$$E_c = E × 车载充电机的转换效率$$

(2)实际容量 C_c 测量方法。

在室温(25℃±5℃)下按照以下顺序进行充放电测试:

①放电:将动力蓄电池系统调整至车辆所能达到的最低 SOC;或者使用放电设备以 1C 或按照制造商推荐的放电机制放电至制造商规定的放电截止条件,静置 30 min;

②充电:使用充电设备以 1C 充电至制造商规定的充电截止条件或按照制造商推荐的充电机制充满电,充电电量为 C_c。

(3)基于历史数据的电量(E_c)、容量(C_c)估算法。

评估机构优选实际测量方法,如果实际测量存在难度,可委托有相关技术能力和资质的第三方机构进行测量或者采用估算方法得到 E_c 或 C_c。评估机构如果采用历史数据进行电量、容量估算时,应取得车辆所有者授权,并在报告上注明数据来源、数据周期、评估方法、估算结果、估算结果置信度等信息。

2. 历史使用影响因素系数

历史使用影响因素系数为根据驾驶行为、充电行为和运行环境等因素进行评估所得的比例系数,依据车辆使用者出具的经过认定的电池数据或者车辆生产厂家、第三方监控平台等提供的电池运行数据求得,包括日均使用时间系数(L_1)、次均充电 SOC 系数(L_2)、快慢充比系数(L_3)、运行温度在 10～45℃ 的频次占比系数(L_4)。

历史运行数据影响因素系数计算公式为:

$$L = L_1 \times L_2 \times L_3 \times L_4$$

历史使用影响因素系数最大值为 1。如果不能提供该历史数据,系数应取 0.9。

(1)日均使用时间系数(L_1)。

日均使用时间即为车辆每日使用时间的平均值(T_{day}),其计算值如表 3-6 所示。

表 3-6 日均使用时间因素评分表

日均使用时间	$T_{day} < 1$ h	1 h $\leq T_{day} \leq 4$ h	$T_{day} > 4$ h
系数(L_1)	0.98	1.0	0.97

(2)次均充电 SOC 系数(L_2)。

次均充电 SOC 系数参比最佳电池放电深度。次均充电 SOC 等于所有充电结束 SOC 与充电起始 SOC 之差的平均值,其计算值如表 3-7 所示。

表 3-7 次均充电 SOC 系数计算表

次均充电 SOC	次均充电 SOC < 70%	次均充电 SOC ≥ 70%
系数(L_2)	1.0	0.98

(3)快慢充比系数(L_3)。

快慢充比系数(L_3)参比电池最佳充电倍率。快慢充比为快充次数／慢充次数,其计算值如表 3-8 所示。

表 3-8 快慢充比系数计算表

快慢充比	快慢充比 < 0.5	0.5 ≤ 快慢充比 < 1	快慢充比 ≥ 1
系数(L_3)	1.0	0.98	0.95

(4)运行温度在 10～45℃ 的频次占比系数(L_4)。

运行温度在 10～45℃ 的频次占比系数(L_4),参比电池最佳运行温度。运行温度在 10～45℃ 的频次占比指温度在 10～45℃ 的运行时间与总的运行时间的比值,其计算值如

表3-9所示。

表3-9 电池最佳运行温度频次占比计算表

运行温度在10～45℃的频次占比	占比>60%	40%≤占比<60%	占比<40%
系数(L_4)	1.0	0.98	0.95

3. 综合性能评价值

综合性能评价值的计算方法为：

$$R = E_s(C_s) \times L$$

按照表3-10，根据综合性能评价值 R 对电池系统进行评分，总计20分。

表3-10 电池系统综合性能评价值评分表

综合性能评价值 R	$R<0.1$	$0.1≤R<0.2$	$0.2≤R<0.3$	$0.3≤R<0.4$	$0.4≤R<0.5$	$0.5≤R<0.6$	$0.6≤R<0.7$	$0.7≤R<0.8$	$0.8≤R<0.9$	$R≥0.9$
综合性能评分/分	0	3	6	8	10	12	14	16	18	20

三、电机及控制器

(1) 采用目视方法对电机、控制器进行外观检查，并确认电机、控制器基本数据与原车辆生产厂家数据是否相一致，电机系统外观及高低压连接是否正常，电机有无异响。具体检查项目如表3-11所示。

表3-11 电机及控制器检查项目

序号	检查项目	序号	检查项目
1	铭牌字迹和内容是否清楚，与出厂的基本数据是否一致	6	电机冷却系统是否渗漏、损坏
2	是否有起火痕迹	7	电机系统插接件是否异常（松动、脱落、变形、腐蚀）
3	是否有腐蚀痕迹	8	驱动电机和控制器安全接地检查是否合格
4	是否有浸水痕迹	9	电机高低压线束及防护是否破损腐蚀
5	电机和控制器表面是否有碰伤、划痕		

(2) 采用电脑解码器（整车诊断仪）读取电机系统数据，有无电机系统故障报警。

四、驾驶舱

对驾驶舱主要是进行外观检查，其检查项目如表3-12所示。

表3-12 驾驶舱检查项目

序号	检查项目	序号	检查项目
1	车内是否有水泡痕迹	12	排挡把手柄及护罩是否完好,有无破损
2	车内后视镜是否完整,有无破损	13	仪表台是否有划痕,配件是否缺失
3	座椅是否完整,有无破损	14	储物盒有无裂痕,配件是否缺失
4	座椅调节功能是否完好	15	天窗移动是否灵活,关闭是否正常
5	座椅加热和通风功能是否完好	16	门窗密封是否完整,功能是否正常
6	中控物理按钮是否完好	17	安全带结构是否完整,功能是否正常
7	中控显示屏及触控外观是否完好	18	驻车制动系统是否灵活有效
8	出风口是否有裂痕、配件是否有缺失	19	玻璃升降器、门窗工作是否正常
9	车内是否整洁,有无异味	20	左右后视镜折叠功能是否正常
10	方向盘自由行程转角是否小于15°	21	气囊是否完整,功能是否正常
11	车顶及周边内饰是否破损、松动及裂缝和污迹	22	头枕是否完整,有无破损

五、电控及仪表

(1)按表3-13对电控及仪表进行检查。

(2)优先选用汽车解码器对车辆技术状况进行检测。

表3-13 电控及仪表检查项目

序号	检查项目	序号	检查项目
1	车辆是否可正常上电(中控大屏和仪表点亮)	7	空调系统风量、方向调节、分区控制、自动控制、制冷工作是否正常
2	仪表板指示灯显示是否正常,有无故障报警	8	车载电话/音响系统是否连接、工作是否正常
3	各类灯光和调节功能是否正常	9	车载智能系统(中控大屏)开启是否正常,有无死机/黑屏等故障
4	泊车辅助系统工作是否正常	10	电机有无异响,空挡状态下逐渐增加电机转速,声音过渡有无异响
5	ABS及各种扩展功能工作是否正常	11	电机启动是否正常
6	车载摄像头能否正常识别并显示		

六、路试

(1)按表3-14要求对车辆进行路试。

表 3-14 路试检查项目

序号	检查项目	序号	检查项目
1	动力系统是否正常，有无报警，有无故障	6	行驶过程中车辆底盘部位有无异响
2	加速、动力回收工作是否正常	7	行驶过程中车辆转向部位有无异响
3	行车制动系统最大制动效能是否在踏板全行程的 4/5 以内达到	8	行驶过程中车辆电机部位有无异响
4	制动系统工作是否正常有效、制动有无跑偏	9	行驶过程中电池电量和剩余里程是否正常递减
5	行车有无跑偏		

（2）测试时间需要 20 min 以上，至少在 5 km 以上行驶里程中，分别完成新能源二手车的起步、加速、匀速、减速、紧急制动等各种工况的检测，通过从低速到高速、从高速到低速的行驶，检查新能源二手车的操纵性能、制动性能、减震性能、加速性能、电机噪声、底盘噪声等情况，以鉴定新能源二手车的技术状况。路试测试也可以在底盘测功机上进行检测。

（3）路试过程中注意观察仪表有无异常现象，如：能量的输出和回收指示是否正常，动力电池、驱动电机等温度是否过高，有无报警灯点亮等。注意对驱动电机控制的转矩响应时间、转矩控制精度、转速响应时间、电机高效率区间等性能进行评估；检查电动真空泵的工作是否正常，有无异响，如果电动真空泵常转，可能是真空助力传感器损坏。

（4）混合动力汽车路试时，应切换不同的行驶模式（混合动力模式、纯电动模式等），注意发动机启动时是否有明显的冲击、振动或噪声，并对纯电动模式的行驶里程进行估算。

第八节　泡水车鉴定

车身经水浸泡后将加速表面漆的氧化，掉漆部分会更严重生锈；其他零部件也会被进一步氧化，使用寿命大大缩短，将会加大以后的维修频率。

现代汽车上装备的控制单元一般有几十甚至上百个，控制单元内部一旦进水可能会部分或全部功能丧失，进而引发相关系统出现故障。

电路的铜线也会加快氧化速度，容易出现接触不良，将导致部分功能瞬时损失，在实际用车过程中非常危险，如发动机线路故障容易导致无法熄火或中途熄火，挡位线路问题会导致无法换挡，等等；另外，电路经过水浸后会加大老化速度，会缩短使用寿命。图 3-13 为泡水后损坏的零部件。

图 3-13　泡水后损坏的零部件

新能源汽车高压部分一般允许短时间涉水行驶或泡水，但如长时间泡水，高压部件也可能损坏。低压部件和车身的泡水损害程度与燃油汽车基本相同。

一、汽车泡水程度分类

经水浸泡后的水浸车存在着严重的安全隐患，车身价值将会严重贬值。

按照受浸水位情况，可将受损车辆分为三类：

第一类为浸水位在座椅底板以下，第二类指浸水位在中控台以下，第三类指浸水位在仪表台以下（全泡水车）。

浸水位在仪表台以下的情况，由于绝大部分车身和电器已经泡水，与没顶泡水的损失相差无几，所以也将其归类为全泡水车。

二、辨别泡水车

泡水车主要通过以下几个方面来鉴定。

（一）看

1. 看外观

（1）如果车辆被长时间泡在水里，车体上会有一条水位线。这条水位线在不同高度的部位，也显示水浸的严重程度。

（2）拆开车门密封胶条，看密封胶条的缝隙是否附着泥污，如图 3-14 所示。

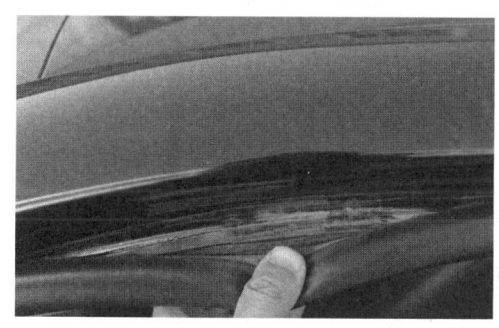

图 3-14　密封胶条泥污

图 3-15　保险盒泥污

（3）打开发动机舱盖，看电瓶、电气线路、起动机等各种元器件是否整体更换过；看保险丝/继电器盒里面是否布满泥污，如图 3-15 所示。

（4）查看汽车的空气过滤网有没有沾上了水草、小树枝、小纸块等。

（5）对于新能源汽车，查看电机控制器、驱动电机、高压配电箱、DC-DC 变换器、车载充电机、散热器等部件表面是否附着水草或泥污，是否整体更换新的元器件。

（6）检查各车灯是否进水，如图 3-16 所示，拆下尾灯总成，看看尾灯总成背面和安装孔部位有无泥污。

（7）举升车辆，检查车底部分，看车身底部各部件是否生锈；新能源汽车查看动力电池外壳顶部有无附着水草或泥污。

图 3-16　灯内有水雾

2. 看内饰

（1）看仪表盘连接处密封性，仪表台面板和皮革座椅有无起泡或异常的褶皱。

（2）将安全带拉出，看看整条安全带是否附着泥污；拆下 B 柱的内饰板，看看 B 柱内部是否存在积水或泥污。

（3）掀开行李厢和驾驶室内的铺底，看是否有水渍或泥污；注意新换上的地毯及座位皮套，一般情况下不会无缘无故把地毯及座位皮套全换掉。

（4）看仪表盘里面是否有水迹。

3. 看锈痕

查看减振器、发动机支架、车门的铰链部分，座位下、行李厢地毯之下的钢铁部分及备用轮胎的固定锁部位有没有生锈的痕迹，座椅固定螺栓有无拆装痕迹。图 3-17 为座椅导轨和点烟器处生锈。

图 3-17　生锈痕迹

（二）闻

闻一闻各内饰件是否有发霉的味道。如果是泡水车，在太阳下晒过一段时间，打开车门进到车内时，这种霉味会更明显。另外，在发动机舱和后备厢内也会有种土腥味道。

（三）摸

（1）摸一摸车辆内饰的绒毛是否发涩，浸水车内饰的绒毛，特别是顶部的绒毛，摸上去会发涩，而且还有扎手的感觉。

（2）摸一摸座椅的绒毛是否发涩，座椅的弹性是否正常、无发硬现象。

（3）用手指在仪表台下方构件的缝隙及拐角处摸一摸，看有没有未被清除的泥污。

（四）查

（1）查记录。首先消费者可以通过查询汽车在4S店的维修记录以及保险记录，看这车的维修记录以及维修项目。

（2）仪器检测。利用专门电脑仪器进行检测，看是否存在性能上的问题。如果发动机等地方存在个别气缸压力不足等问题，则说明此车有可能是水浸车。

复习思考题

1. 二手车技术状况鉴定分为哪几类？它们之间有何区别和联系？
2. 准确判断车辆的事故状况，对二手车鉴定估价有何意义？
3. 从哪几个方面对车辆事故状况进行鉴定？
4. 汽车发动机性能检查包括哪些方面？
5. 汽车底盘动态检查的主要内容有哪些？
6. 新能源汽车电池系统外观检查有哪些项目？
7. 按照受浸水位情况，可将受损车辆分为哪几类？

第四章　二手车价值评估

【本章学习目标】

素质(思政)目标：
- 培养学生独立的学习和分析能力；
- 培养学生团队协作意识和表达沟通能力；
- 培养学生认真负责、严谨细致的工作态度和工作作风；
- 培养良好的操作规范和文档规范习惯；
- 培养学生爱岗敬业的社会价值观；
- 培养学生法制意识和精神。

知识目标：
- 了解二手车价值评估常用的四种评估方法；
- 掌握四种方法的计算原理及使用条件；
- 掌握重置成本法、现行市价法以及收益现值法的计算方法，尤其是重点掌握成新率的计算方法。

能力目标：
- 能够利用重置成本法对二手车的价值进行评估；
- 能够利用现行市价法对二手车的价值进行评估；
- 能够利用收益现值法对二手车的价值进行评估；
- 能够规范地撰写二手车评估报告。

第一节　二手车价值评估概述

二手车价值评估是由专门的具有相关资质的二手车鉴定评估师，根据特定的目的，遵循法定或公允的标准和程序，运用科学的方法对二手车进行价格估算的过程。

一、二手车价值评估原则

二手车估价中的价值与价格，从现在应用的情况来看，虽然远不如经济学定义的那样严格，但是，为了保证鉴定结果的真实、准确，做到公平合理，被社会承认，二手车的鉴定评估必须遵循一定的原则。

（一）公平性原则

评估人员必须不偏不倚处于中立的立场上对车辆进行评估，这是鉴定估价人员应遵守的一项最基本的道德规范。目前在不规范的二手车市场，时有鉴定估价人员和二手车经销、经纪人员互相勾结，损害消费者利益或私卖公买高估而公卖私买则低估的现象发生，这是严重违反职业道德的行为。

（二）独立性原则

独立性原则要求汽车评估师依据国家的有关法律和规章制度及可靠的资料数据对被评估的车辆独立地做出评定。坚持独立性原则，是保证评定结果具有客观性的基础。要坚持独立性原则，首先评估机构必须具有独立性，评估机构不应从属于和交易结果有利益关系的二手车市场，目前已不允许二手车市场建立自己的评估机构。

（三）客观性原则

客观性原则是指评估结果应以充分的事实为依据。它要求车辆技术状况的鉴定结果必须翔实可靠，所依据的数据资料必须真实。

（四）科学性原则

科学性原则是指在二手车的评估过程中，必须依据评估的目的，选用合理的评估标准和评估方法，使评估结果准确合理。例如拍卖、抵押等，适用清算价格标准计算；而一般的车辆交易则选用重置成本标准或现行市价标准。

（五）专业性原则

专业性原则要求鉴定估价人员接受国家专门的职业培训，获得国家颁发的统一的资格证书，有注册汽车评估师证、注册汽车高级评估师证才能上岗。

（六）可行性原则

可行性原则也称有效性原则，要求评估人员素质是合格的，有国家注册的评估师证，有可资利用的汽车检测设备；能获得评估所需的数据资料，而且这些数据资料是真实可靠的；评估的程序和方法是合理的、科学的。

二、二手车的估价程序

整个二手车的评估过程一般包括前期准备、现场工作、评定估价、自查及撰写评估报告四个阶段。

1. 前期准备阶段

这一阶段的工作主要是进行车辆及车主身份识别，车辆基础信息采集，具体包括验证车辆及车主证件是否齐全有效、车辆性质、类别年限以及该车型应该具有哪些标准配置等。

2. 现场工作阶段

现场工作阶段的主要内容包括核对证件与车辆是否一致、核查车辆标准配置是否完整有效、几个主要功能部件的技术状况。

3. 评定估价阶段

在掌握车辆技术状况的基础上，将鉴定结果的信息数据化，根据评估目的选择适用的评估标准和评估方法，本着客观、公正的原则对车辆价值进行评定和估算，确定评估结果。

4. 自查及撰写评估报告阶段

评估人员对评估计算的整个过程进行检查，确定无误后，按规定的格式撰写评估报告，最后登记归档。

三、二手车估价的业务类型及常见方法

按鉴定估价服务对象的不同,把鉴定估价的业务类型分为交易类业务和咨询服务类业务。交易类业务是服务于交易市场内部的二手车评估业务,主要目的是判定车辆的来历、确定收购价格、为买卖双方提供交易的参考价格等;而咨询服务类业务是服务于交易市场外部的非交易业务,如资产评估(涉及车辆部分)、抵押贷款估价和法院咨询等。

交易类业务和咨询服务类业务一般都是有偿服务,其评估的程序和作业内容并没有太大的差别,但依评估的特定目的的不同,其评估作业的侧重点有所不同。例如,交易类评估的侧重点是车的来历、能否进入二手车市场流通及车的估价;而咨询类服务牵涉到识伪判定、交易程序解答、市场价格询问、国家相关法规咨询等方面的内容,当然也有一些要求提供正式的车辆评估价。

无论是交易类业务还是咨询服务类业务,根据二手车价格估算目的的不同、可采集的信息资源条件不同,可以选择采用重置成本法、收益现值法、现行市价法和清算价格法四种方法进行估价。这四种方法的计算原理与思路截然不同,因此,同样一台二手车,采取不同的计算方法,其结果会截然不同。

第二节 重置成本法

一、重置成本法概述

(一)重置成本法的概念

重置成本法是指在现时市场条件下重新购置一辆全新状态的被评估车辆所需的全部成本,减去该被评估车辆的各种陈旧贬值后的差额作为被评估车辆现时价格的一种评估方法。这种方法是目前二手车估价中较为常用的评估方法。

其总体评估思路可用数学式概括为

$$二手车评估值 = 该车的重置成本 - 各项贬值$$

其中,各项贬值包括实体性贬值、功能性贬值和经济性贬值等,而实体性贬值为最主要贬值。

(二)重置成本法的应用前提和适用范围

重置成本法作为一种二手车评估的方法,是从能够重新取得被评估二手车的角度来反映二手车的交换价值的,即通过被评估二手车的重置成本反映二手车的交换价值。只有当被评估的二手车处于继续使用状态下,再取得被评估二手车的全部费用才能构成其交换价值的内容。二手车继续使用包含其使用有效性的经济意义,只有当二手车能够继续使用并且在持续使用中为潜在投资者带来经济利益,二手车的重置成本才能被潜在投资者和市场所承认及接受。从这个意义上讲,重置成本法主要适用于继续使用前提下的二手车评估。

（三）重置成本法的优缺点

1. 重置成本法的优点

（1）比较充分地考虑了车辆的各方面损耗，反映了车辆市场价格的变化，评估结果更趋于公平合理，在不易估算车辆未来收益或难以在市场上找到可类比对象的情况下可广泛应用。

（2）可采用综合分析法确定成新率，将车况和配置以及车辆使用情况用适当的调整系数表征出来，比较清晰地解析了车辆残值的构成，使整个评估过程显得有理有据，有助于增强交易双方对评估结果的信任，可广泛应用于价值较高的中高档车辆评估。

2. 重置成本法的缺点

（1）评估工作量较大，确定成新率时主观因素影响较大。

（2）对极少数的进口车辆，不易查询到现时市场报价，一些已停产或是国内自然淘汰的车型，由于不可能查询到相同车型新车的市场报价，因此难于准确地确定出它们的重置成本或重置成本全价。

二、重置成本法的计算过程

根据"二手车评估值 = 该车的重置成本 - 各项贬值"的计算公式，因此，要用重置成本法估算一部二手车的价格必须计算四个要素：重置成本、实体性贬值、功能性贬值和经济性贬值。下面将一一介绍这四个要素的计算。

（一）重置成本及其估算

二手车重置成本是指在评估基准日，按现行市场条件下重新购置一辆全新车辆所支付的全部货币总额。必须说明的是，无论如何计算，重置成本绝对不可能超过现行同款新车购置价，这是因为任何一个人在购买一件二手产品时，所支付的最大金额绝对不会超过全新功能的该产品的现时价格，而不管该产品原购买者所支付成本有多高。具体计算时，又分为下列三种情况。

1. 市场上有与待评估车品牌、型号和配置完全相同的新车出售

这种情况下的重置成本的计算公式为：

$$重置成本 = 新车净车价 + 车辆购置税$$

其中，新车净车价是汽车销售店的新车报价，倘若当地各销售店有最新的优惠或降价，也应把优惠折算成相应金额，计入新车净车价内，原因很简单，重置成本不应超过最低新车购置价。

例如，测算一部刚使用半年的奔驰 GLC 260L，购买时售价为 36.5 万元（含购置税），评估时新车价为 35.4 万元，另赠送实际价值 1000 元车饰精品，可折抵车价。其重置成本即为 $35.4 - 0.1 = 35.3$（万元）。

2. 待评估车已停产，市场上有与之类似的车辆出售

近年来，新车推出周期非常短，新车市场上已买不到与待评估车完全相同的车，但有改进型的车，这是经常出现的情况。这种情况下，重置成本可以按下列公式计算：

$$重置成本 = 新车售价 - 单车成本变动值 + 车辆购置税$$

其中，单车成本变动值是指由于车辆改进造成分摊在每一部车上的制造成本变动量。

例如，某辆2020款200TSI手动时尚型速腾车，购于2020年，当车主一年后开到二手车市场交易时，如何确定其重置成本呢？此时，2020款200TSI手动时尚型速腾车已停产，市面上只能买到带中控触摸屏的2021款200TSI手动时尚型速腾车，售价为12.98万元（含购置税），据测算，中控触摸屏成本为0.3万元，那么该车的重置成本计算如下：

重置成本＝新车售价－单车成本变动值＋车辆购置税＝12.98－0.3＝12.68（万元）

还有一种情况，就是车主对车辆的改装，经改装的旧车，有些合理的项目可作为卖点推介，但一般不列进重置成本进行计算。

3. 市面上完全找不到与待评估车辆类似的车辆

对一些早期进口的或国产的二手轿车进行评估时，可能会出现这个问题。比如一汽丰田锐志，路上还能见到这种车在跑，但在2017年已停产，此时，只能采用物价指数法确定重置成本：

重置成本＝待评估车辆的历史成本×（1＋物价变动指数）

待评估车辆的历史成本，也称车辆的原始成本，是待评估车辆购买时所花费的成本，为当时的车价加上车辆购置税或车辆购置附加费。这从待评估车辆的购车发票上很容易得到这个数据。物价变动指数是国家统计部门以及物价管理部门或行业协会等发布的物价动态数据，最好能获得从待评估车辆购买所在年份到评估所在年份这段时间汽车的物价变动指数。这几年，各类汽车，特别是小型乘用车，价格降幅很大，不可以用整个社会消费品的物价变动指数去计算某一台车的重置成本，而应以汽车行业的新车物价变动指数去计算才可以。

（二）实体性贬值及其估算

汽车的实体性贬值是由于使用磨损和自然损耗形成的贬值，由物理或化学原因导致的损耗，是车辆的有形损耗。实体性贬值的估算，就是计算车辆本体的有形损耗。目前最常用的是成新率估算法，成新率是反映二手车新旧程度的指标。二手车成新率是表示二手车的功能或使用价值占全新机动车的功能或使用价值的比率，也可以理解为二手车的现时状态与机动车全新状态的比率。它与有形损耗一起反映了同一车辆的两方面。车辆的有形损耗也称为车辆的实体性贬值。成新率和有形损耗率的关系是：

成新率＝1－有形损耗率

实体性贬值＝重置成本×（1－成新率）

成新率是重置成本法的一项重要指标，由于在实际操作中，使用成新率的方式计算较为客观，直接反映二手车新旧程度，容易获得各方认同，运用最为普遍。如何科学、准确地确定该项指标是二手车评估中的重点和难点，关于成新率如何进行具体计算，后面将单独详细介绍。

（三）功能性贬值及其估算

功能性贬值包括一次性功能贬值和营运性功能贬值两部分。二手车功能性贬值是由于技术进步引起的二手车功能相对落后而导致的贬值，这是一种无形损耗。

一次性功能贬值是由于技术进步引起劳动生产率的提高，现在再生产制造与原功能相同的车辆的社会必要劳动时间减少、成本降低而造成原车辆的价值贬值。

营运性功能贬值是由于技术进步，出现了新的、性能更优的车辆，致使原有车辆的功能相对新车型已经落后而引起的价值贬值。具体表现为原有车辆在完成相同工作任务的前提下，在燃料、人力、配件材料等方面的消耗增加，形成了一部分超额运营成本。

1. 一次性功能贬值的估算

一次性功能贬值是汽车结构不同造成功能差异而产生的贬值。相对于前述重置成本确定的三种情况，在第一和第三种情形下，即市面上有与待评估车辆完全相同的新车出售或完全找不到与待评估车辆类似的车辆出售时，都不须考虑一次性功能贬值，只有在第二种情况下，即市面上有改进型的车辆出售时，才要考虑一次性功能贬值。也就是说，一次性功能贬值就是待评估车辆的功能配置与测算重置成本所选取的新款参照车型之间在功能配置上的价值差异。

例如，面向中国的奔驰S级轿车从2006年6月起，增配中文语音导航系统，这套系统的市场价值为25 000元，而车价却没有增加，那么所有在2006年5月之前购买的奔驰S级轿车都贬值了25 000元。

2. 营运性功能贬值的估算

营运性功能贬值是指由于性能差异，造成以后的营运过程中运行费用增加而贬值。下面举例说明营运性功能贬值的计算方法。

【案例1】A、B两台为品牌型号都相同的8t货车，A车为已使用5年的旧车，B车为新车，其营运成本差别如下：

项目	A车	B车
百公里油耗	25L	22L
每年维修费用	3.5万元	2.8万元

求A车的营运性功能贬值。

解：

按每日营运150 km，每年出车250天，每升油7元计算，则：

A车每年多付出的燃油费为：$(25-22) \times 7 \times (150 \div 100) \times 250 = 7875(元)$

A车每年多支出的维修费为：$35000 - 28000 = 7000(元)$

A车每年多支出的营运费为：$7875 + 7000 = 14875(元)$

取个人所得税率为33%，则税后超额营运成本为：

$14875 \times (1 - 33\%) = 9966(元)$

取折现率为11%，A车将继续使用5年，查会计手册中的折现系数表，11%折现率、5年的折现系数为3.696，A车的营运性贬值为：$9966 \times 3.696 = 36834(元)$

这是按收益现值的思路来计算营运性贬值的，有关折现的原理、折现率、折现系数的概念将在收益现值法中详细介绍。

(四) 二手车经济性贬值

二手车经济性贬值是指由于外部经济环境变化所造成的车辆贬值。它也是一种无形损耗。外部经济环境包括宏观经济政策、市场需求、通货膨胀和环境保护等。如国家提高对汽车排放标准的要求，实施国Ⅵ排放标准，原来执行国Ⅴ排放标准的在用车就会因此而贬值。经济性贬值是由于外部环境而不是车辆本身或内部因素所引起的达不到原有设计的获利能力而造成的贬值，外界因素对车辆价值的影响不仅是客观存在的，而且对车辆价值影响还相当大，所以在二手车的评估中不可忽视。

三、二手车成新率计算方法

成新率是反映二手车新旧程度的指标。目前在二手车的鉴定估价中，成新率的估算方法通常有以下几种，其中最为全面和实用的是综合分析法。实际评估时，可根据被评估车辆的客观情况灵活选用不同的成新率。

（一）使用年限法

1. 计算方法

使用年限法是通过确定被评估二手车的尚可使用年限与规定使用年限的比值来确定二手车成新率的一种方法。其计算公式为

$$C_Y = \frac{Y_g - Y}{Y_g} \times 100\% = \left(1 - \frac{Y}{Y_g}\right) \times 100\% \qquad (4-1)$$

式中：C_Y——使用年限成新率；

Y——二手车实际已使用年限，年或月；

Y_g——车辆规定的使用年限，年或月；

$Y_g - Y$——被评估二手车的尚可使用年限，年或月。

使用年限法估算二手车的成新率是基于这样的假设：二手车在规定的使用寿命期间，实体性损耗与时间呈线性递增关系，二手车价值的降低与其损耗大小成正比。因此，可利用被评估二手车的实际已使用年限与该车型规定使用年限的比值来判断其实体贬值率（程度），进而估算被评估二手车成新率。

2. 已使用年限

使用年限是代表汽车运行量和工作量的一种计量。这种计量是以汽车正常使用为前提的，包括正常的使用时间和使用强度。对于汽车来说，它的经济使用寿命指标既有规定使用年限，同时也应以行驶里程数作为运行量的计量单位。从理论上讲，综合考虑已使用年限和行驶里程数要符合实际一些，即汽车的已使用年限应采用折算年限，即

$$折算年限 = \frac{总的累计行驶里程}{年平均行驶里程}$$

这种使用年限表示方法既反映了汽车的使用情况（包括管理水平、使用水平和维护保养水平）、使用强度，又包括了运行条件和某些停驶时间较长的汽车的自然损耗。但在实践操作中，很难找到总的累计行驶里程和年平均行驶里程这一组数据，所以已使用年限一般取该车从新车在公安交通管理机关注册登记日起至评估基准日所经历的时间。这个时间可以用年或月或日为单位计算。实际计算中，评估基准日并不恰好与注册登记日同日，如果以年为单位计算实际已使用年限，结果误差太大；如果以日为单位计算实际已使用年限，需要精确计算实际已使用天数，结果精确，但工作量较大，比较麻烦；一般以月为单位计算实际已使用年限，即将已使用年限和规定使用年限换算成月数，这样，计算简单、结果误差也较小，比较切合实际。

3. 规定使用年限

车辆规定使用年限是指《机动车强制报废标准规定》中对被评估车辆规定的使用年限。各种类型汽车规定使用年限按 2012 年商务部发布的《机动车强制报废标准规定》执行。部

分汽车规定使用年限见表 4-1。因小、微型非营运载客汽车、大型非营运轿车无规定使用报废年限，而目前大部分车辆在 15 年内报废，所以规定报废年限时按 15 年计算，超过 15 年的则按实际年限计算。

表 4-1 部分汽车规定使用年限

车型	使用年限/年
小、微型非营运载客汽车、大型非营运轿车	无规定使用报废年限
小、微型出租客运汽车	8
中型出租客运汽车	10
大型出租客运汽车	12
大、中型非营运载客汽车（大型轿车除外）	20
载货汽车（包括半挂牵引车和全挂牵引车，不含三轮汽车、单缸低速货车）	15

4. 使用年限法的前提条件

使用年限法计算成新率的前提条件是车辆在正常使用条件下，按正常使用强度（年平均行驶里程）使用。我国各类汽车年平均行驶里程见表 4-2。

表 4-2 我国各类汽车年平均行驶里程

汽车类别	年平均行驶里程/万 km
微型、轻型货车	3～5
中型、重型货车	6～10
私家车	1～3
公务、商务用车	3～6
出租车	10～15
租赁车	5～8
旅游车	6～10
中、低档长途客运车	8～12
高档长途客运车	15～25

利用使用年限法计算得到的成新率实际上反映的是车辆的时间损耗及时间折旧率，与车辆的日常使用强度和车况无关。

如果车辆的日常使用强度较大，在运用已使用年限指标时，应适当乘以一定的系数。例如，对于某些以双班制运行的车辆，其实际使用时间为正常使用时间的两倍，因此该车辆的已使用年限，应是车辆从开始使用到评估基准日所经历时间的两倍。

（二）行驶里程法

1. 计算方法

行驶里程法是通过确定被评估二手车的尚可行驶里程与规定行驶里程的比值来确定二手车成新率的一种方法。其计算公式为

$$C_S = \frac{S_g - S}{S_g} \times 100\% = \left(1 - \frac{S}{S_g}\right) \times 100\% \quad (4-2)$$

式中：C_S——行驶里程成新率；

S——二手车实际累计行驶里程，km；

S_g——车辆规定的行驶里程，km；

$S_g - S$——被评估二手车尚可行驶里程，km。

式(4-2)反映了二手车使用强度对其成新率的影响。

2. 累计行驶里程与规定行驶里程

二手车累计行驶里程是指被评估二手车从开始使用到评估基准时点所行驶的总里程。车辆规定行驶里程是指《机动车强制报废标准规定》中规定的该车型行驶里程参考值。

行驶里程较使用年限更真实地反映了二手车使用强度及使用过程中实际的物理损耗。它反映了二手车使用强度对其成新率的影响。总的行驶里程越大，车辆的实际有形损耗也越大。

3. 行驶里程法的前提条件

用行驶里程法计算成新率的前提条件是车辆里程表的记录必须是原始的，不能被人为更改过。

由于里程表容易被人为变更，因此，在实际应用中，较少直接采用此方法进行评估。

(三)部件鉴定法

1. 计算方法

部件鉴定法也称技术鉴定法，是指评估人员在确定二手车各组成部分技术状况的基础上，按其各组成部分对整车的重要性和价值量的大小加权评分，最后确定成新率的一种方法。

采用部件鉴定法估算二手车成新率的计算公式为

$$C_B = \sum_{i=1}^{n}(C_i \times \beta_i) \qquad (4-3)$$

式中：C_B——部件鉴定法二手车成新率；

C_i——二手车第 i 项部件的成新率；

β_i——二手车第 i 项部件的价值权重。

2. 计算步骤

此方法的基本步骤为：

(1)先确定二手车各主要总成、部件，再根据各部分的制造成本占整车制造成本的比重，确定其权重的百分比 $\beta_i(i=1,2,\cdots,n)$，表4-3为汽车各部分的价值权重参考表。

(2)以全新车辆对应的各总成、部件功能为满分(100分)，功能完全丧失为零分，再根据被评估二手车各相应总成、部件的技术状态估算出其成新率 $C_i(i=1,2,\cdots,n)$。

(3)将各总成、部件估算出的成新率与权重相乘，得到各总成、部件的权重成新率 $(C_i \times \beta_i)$ $(i=1,2,\cdots,n)$。

(4)最后将各总成、部件的权重成新率相加，即得出被评估车辆的成新率。

表4-3 汽车各部分的价值权重参考表

序号	车辆各主要总成、部件名称	价值权重/%		
		乘用车	客车	货车
1	发动机及离合器总成	26	27	25
2	变速器及万向传动装置总成	11	10	15
3	前桥、前悬架及转向系总成	10	10	15
4	后桥及后悬架总成	8	11	15
5	制动系	6	6	5
6	车架	2	6	6
7	车身	26	20	9
8	电器仪表	7	6	5
9	轮胎	4	4	5
	合计	100	100	100

在不同种类、档次的车辆上，各组成部分对整车的重要性及其价值占整车的比重各不相同，有些类型车辆之间相差还很大。因此，表4-3只能供评估人员参考，不可作为唯一标准。在实际评估时，应根据被评估车辆各部分价值量占整车价值的比重，调整各部分的权重。

3. 部件鉴定法特点及适用范围

从上述计算步骤可见，采用部件鉴定法计算加权成新率比较费时费力，但评估值更接近客观实际，可信度高。它既考虑了二手车实体性损耗，同时也考虑了二手车维修或换件等追加投资使车辆价值发生的变化。这种方法一般用于价值较高的二手车评估。

（四）整车观测法

整车观测法是指评估人员采用人工观察的方法，辅助简单的仪器检测，判定被评估二手车的技术等级以确定成新率的一种方法。整车观测法观察和检测的技术指标主要包括：二手车的现时技术状态、使用时间及行驶里程、主要故障经历及大修情况、整车外观和完整性等。二手车技术状况的分级可参考表4-4。

表4-4 二手车成新率评估参考表

车况等级	新旧情况	有形损耗率/%	技术状况描述	成新率/%
1	使用不久	0～10	刚使用不久，行驶里程一般在3万～5万km，在用状态良好，能按设计要求正常使用	100～90
2	较新车	11～35	使用1年以上，行驶15万km左右，一般没有经过大修，在用状态良好，故障率低，可随时出车使用	89～65
3	旧车	36～60	使用4～5年，发动机或整车经过大修一次，大修较好地恢复原设计性能，在用状态良好，外观中度受损，恢复情况良好	64～40

续表 4－4

车况等级	新旧情况	有形损耗率/%	技术状况描述	成新率/%
4	老旧车	61～85	使用5～8年，发动机或整车经过二次大修，动力性能、经济性能、工作可靠性都有所下降，外观油漆脱落受损、金属件锈蚀程度明显；故障率上升，维修费用、使用费用明显上升，但车辆符合《机动车安全技术条件》，在用状态一般或较差	39～15
5	待报废处理车	86～100	基本到达或到达使用年限，通过《机动车安全技术条件》检查，能使用但不能正常使用，动力性、经济性、可靠性下降，燃料费、维修费、大修费用增长速度快，车辆收益与支出基本持平，排放污染和噪声污染到达极限	15以下

表4－4中所示数据是判定二手车成新率的经验数据，只能供评估人员参考，不能作为唯一标准。由于该法对二手车技术状况的评判是采用人工观察方法进行的，所以成新率的估值是否客观，实际上取决于评估人员的专业水准和评估经验。整车观测法简单易行，但其判断结果没有部件鉴定法准确，一般用于初步估算中、低档二手车的价格，或作为综合分析法的辅助手段，用来确定车辆的技术状况调整系数。

(五) 综合分析法

1. 估算方法

综合分析法是以使用年限法为基础，综合考虑二手车的实际技术状况、维护保养情况、原车制造质量、二手车用途及使用条件等多种因素对二手车价值的影响，以调整系数形式确定成新率的一种方法。其计算公式为

$$C_F = C_Y \times K \times 100\% \qquad (4-4)$$

式中：C_F——综合成新率；

C_Y——使用年限成新率，计算公式见式(4－1)；

K——综合调整系数。

2. 综合调整系数

影响二手车成新率的主要因素有二手车技术状况、二手车维护保养、二手车原始制造质量、二手车用途和二手车使用条件五个方面，可采用表4－5推荐的综合调整系数，用加权平均的方法进行调整。

根据被评估二手车是否需要进行项目修理或换件维修，综合调整系数有两种确定方法：

(1) 二手车无须进行项目修理或换件时，可直接采用表4－5所推荐的调整系数，应用式(4－5)进行计算。

(2) 二手车需要进行项目修理或换件，或需要进行大修时，可采用"一揽子"评估方法，综合考虑确定表4－5所列因素的影响。所谓"一揽子"评估方法就是综合考虑修理后

对二手车成新率估算值的影响,直接确定一个合理的综合调整系数而进行价值评估的一种方法。采用"一揽子"评估方法后,综合调整系数的确定不再用式(4-5)进行分别计算。

表4-5 二手车成新率综合调整系数参考表

序号	影响因素	因素分级	调整系数	权重/%
1	技术状况	好	1.0	30
		较好	0.9	
		一般	0.8	
		较差	0.7	
		差	0.6	
2	维护保养	好	1.0	25
		较好	0.9	
		一般	0.8	
		差	0.7	
3	制造质量	进口车	1.0	20
		国产名牌车(走私罚没车)	0.9	
		国产非名牌车	0.8	
4	车辆用途	私用	1.0	15
		公务、商务	0.9	
		营运	0.7	
5	使用条件	好	1.0	10
		一般	0.9	
		差	0.8	

综合调整系数计算公式为

$$K = K_1 \times 30\% + K_2 \times 25\% + K_3 \times 20\% + K_4 \times 15\% + K_5 \times 10\% \quad (4-5)$$

式中:K——综合调整系数;

K_1——二手车技术状况调整系数;

K_2——二手车维护保养调整系数;

K_3——二手车原始制造质量调整系数;

K_4——二手车用途调整系数;

K_5——二手车使用条件调整系数。

表4-5中的因素分级和调整系数只是一个参考,实际确定综合调整系数时,应根据具体情况做适当的调整,但各因素的调整系数取值不要超过1,综合调整系数计算结果也不能超过1。

3.调整系数的选取

(1)二手车技术状况调整系数K_1。

二手车技术状况调整系数是在对车辆技术状况鉴定的基础上对车辆进行的分级,然后取调整系数来修正车辆的成新率。技术状况调整系数取值范围为 $0.6 \sim 1.0$，技术状况好的取上限，反之取下限。

(2) 二手车维护保养调整系数 K_2。

维护保养调整系数反映了使用者对车辆使用、维护和保养的水平，不同的使用者，对车辆使用、维护和保养的实际执行情况差别较大，因而直接影响车辆的使用寿命和成新率。维护保养调整系数取值范围为 $0.7 \sim 1.0$，维护保养好的取上限，反之取下限。

(3) 二手车原始制造质量调整系数 K_3。

确定该系数时，应了解被评估的二手车是国产车还是进口车以及进口国别，是国产车应了解是名牌产品还是一般产品。一般来说名牌产品优于一般产品，但又有较多例外，故在确定此系数时应较慎重。原始制造质量系数取值范围在 $0.8 \sim 1.0$。

(4) 二手车用途调整系数 K_4。

二手车用途(或使用性质)不同，其繁忙程度不同，使用强度亦不同。一般车辆用途可分为私人工作和生活用车，机关企事业单位的公务和商务用车，从事旅客、货运、城市出租的营运用车。以普通乘用车为例，一般来说，私人工作和生活用车每年最多行驶约 3 万 km；公务、商务用车每年不超过 6 万 km；而营运出租车每年行驶有些高达 15 万 km 以上。可见二手车用途不同，其使用强度差异很大。二手车用途调整系数取值范围为 $0.7 \sim 1.0$，使用强度小的取上限，反之取下限。

(5) 二手车使用条件调整系数 K_5。

我国地域辽阔，各地自然条件差别很大，车辆的使用条件对其成新率影响很大。使用条件可分为道路使用条件和特殊使用条件。

① 道路使用条件：可分为好路、中等路和差路三类。

好路指国家道路等级中的高速公路，一、二、三级道路，好路率在 50% 以上；

中等路指符合国家道路等级四级道路，好路率在 30%～50%；

差路指在国家等级以外的路，好路率在 30% 以下。

② 特殊环境使用条件：主要指特殊自然条件，包括寒冷、沿海、风沙和山区等地区。

车辆使用条件调整系数取值范围为 $0.8 \sim 1.0$。取值时应根据二手车实际使用条件适当取值。如果二手车长期在道路条件为好路和中等路的道路上行驶时，其系数分别取 1 和 0.9；如果二手车长期在差路或特殊环境使用条件下工作，其系数取 0.8。

从上述影响因素中可以看出，各影响因素关联性较大。一般来说，其中某一影响因素加强时，其他项影响因素也随之加强；反之则减弱。影响因素作用加强时，对其综合调整系数不要随影响作用加强而随之无限加大，一般综合调整系数取值不要超过 1。

4. 综合分析法的特点及适用范围

综合分析法较为详细地考虑了影响二手车价值的各种因素，并用一个综合调整系数指标来调整二手车成新率，其评估值准确度较高，因而适用于具有中等价值的二手车评估。目前此方法应用较多。

(六) 综合成新率法

1. 计算方法

前面介绍的用使用年限法、行驶里程法和部件鉴定法计算二手车成新率只从单一因素考虑了二手车的新旧程度，是不完全也是不完整的。为了全面地反映二手车的新旧状态，可以采用综合成新率来反映二手车的新旧程度。所谓综合成新率就是采用定性和定量分析的方法，综合多种单一因素对二手车成新率的估算结果，并分别赋予不同的权重，计算加权平均成新率。这样，就可以尽量减小使用单一因素成新率计算给评估结果所带来的误差，因而是一种较为科学的方法。以下介绍一种综合使用年限法、行驶里程法、技术鉴定法和整车观测法估算二手车成新率的方法。

综合成新率法的数学计算公式为

$$C_Z = C_1 \cdot \alpha_1 + C_2 \cdot \alpha_2 \tag{4-6}$$

式中：C_Z——综合成新率；

C_1——二手车理论成新率；

C_2——二手车现场查勘成新率；

α_1、α_2——权重系数，$\alpha_1 + \alpha_2 = 1$。

权重系数的取值要求评估人员根据被评估二手车的实际情况而定。

2. 二手车理论成新率 C_1

二手车理论成新率包括使用年限法和行驶里程法计算的成新率，根据二手车实际使用的时间和行驶里程计算而得，是一种对二手车成新率的定量计算，其结果一般不能人为改变。实际计算中，可将使用年限成新率和行驶里程成新率加权平均得到二手车理论成新率。

计算公式为

$$C_1 = C_Y \times 50\% + C_S \times 50\% \tag{4-7}$$

式中：C_Y——使用年限成新率，由式(4-1)计算得到；

C_S——行驶里程成新率，由式(4-2)计算得到。

3. 二手车现场查勘成新率 C_2

二手车现场查勘成新率是由评估人员根据现场查勘情况而确定的一个综合评价值。具体确定步骤是：评估人员先对二手车作技术状况现场查勘（包括静态检查和动态检查），得出鉴定评价意见，然后对整车和重要部件分别作综合评分，累加评分，其结果就是二手车现场查勘成新率。由此可见，二手车现场查勘成新率是一个定性与定量相结合的结果。

（1）二手车技术状况现场查勘。

被评估二手车技术状况现场查勘主要内容有：

①车身外观，包括车身颜色、光泽、有无退色及锈蚀情况，车身是否被碰撞过，车灯是否齐全，前后保险杠是否完整和其他情况等；

②车内装饰，包括装潢程度、颜色、清洁程度、仪表及座位是否完整和其他有关装饰情况等；

③发动机工作状况，包括发动机动力状况、有否更换部件（或替代部件）和修复现象，是否有漏油现象等；

④底盘，包括有否变形、有否异响、变速箱状况是否正常、前后桥状况是否正常、传动系统工作状况是否正常、是否有漏油现象、转向系统情况是否正常和制动系统工作状况是否正常等；

⑤电器系统，包括电源系统是否工作正常、发动机点火器是否工作正常、空调系统

是否工作正常和音响系统是否工作正常等。

以上查勘情况,一般应由评估委托方或车辆所有单位技术人员签名,以确认查勘情况是客观的、真实的,不存在与实际车况不相符合的情况。确定查勘情况后,评估人员必须对被评估车辆做出查勘鉴定结论。上述资料经过整理,就可以编制成表4-6所示的《二手车技术状况调查表》。

表4-6 二手车技术状况调查表

评估委托方:×××　　　　　　　　　　　　　　　评估基准日:××年××月××日

车辆基本情况	明细表序号	01	车辆牌号	粤X.×××	厂牌型号	别克牌/SGM7183ATB
	生产厂家	上海通用	已行驶里程	50000 km	推荐行驶里程	600 000 km
	购置日期	××××	登记日期	××××	规定使用年限	15年(180个月)
	大修情况	无大修				
	改装情况	无改装				
	耗油量	正常	是否达到环保要求	是	事故次数及情况	无事故

现场查勘情况							
车辆实际技术状况	外形车身部分	颜色	白	光泽	较好	退色	无	锈蚀	无
		有否被碰撞	轻微	严重程度	—	修复	—	车灯是否齐全	齐全
		前、后保险杠是否完整	完整	其他:车头右侧及左前车门有轻碰刮痕				
	车内装饰部分	装潢程度	一般	颜色	浅色	清洁	较好	仪表是否齐全	是
		座位是否完整	是	其他				
	发动机总成	动力状况评分	85	有否更换部件	无	有否修补现象	无	有否替代部件	无
		漏油现象	严重□　一般□　轻微□　无☑				
	底盘各部分情况	有否变形	无	有否异响	无	变速箱状况	正常	后桥状况	正常
		前桥状况	正常	传动状况	工况正常	漏油现象	严重□　一般□　轻微□　无☑
		转向系统情况	工况正常	制动系统	工况正常
	电器系统	电源系统是否工作正常	工况正常	发动机点火器是否工作正常	工况正常	空调系统是否有效	工况正常	音响系统是否正常工作	工况正常
		其他				
	鉴定意见	维护保养情况较好,磨损正常,整体车况较好				

资产所有单位技术人员签字:×××　　　　　　　　　　评估人员签字:×××

（2）二手车现场查勘成新率评分。

在上述对二手车做技术状况现场查勘的基础上，对整车和重要部件做定性分析并以评分形式给予量化，可参考表4-7。总分就是二手车现场查勘成新率。

表4-7 二手车成新率评定表

序号	项目名称	达标程度	参考标准分	评分
1	整车（满分20分）	全新	20	—
		良好	15	15
		较差	5	
2	车架（满分15分）	全新	15	12
		一般	7	
3	前后桥（满分15分）	全新	15	12
		一般	7	
4	发动机（满分30分）	全新	30	
		轻度磨损	25	28
		中度磨损	17	
		重度磨损	5	
5	变速箱（满分10分）	全新	10	
		轻度磨损	8	8
		中度磨损	6	
		重度磨损	2	
6	转向及制动系统（满分10分）	全新	10	
		轻度磨损	8	8
		中度磨损	5	
		重度磨损	2	
总分（现场查勘成新率/%）			100	83

必须指出的是，被评估二手车理论成新率和现场查勘成新率的权重分配、使用年限成新率和机动车行驶里程成新率的权重分配，要根据被评估二手车类型、使用状况、维修保养状况综合考虑，科学、合理地确定权重分配，这与二手车鉴定评估人员的实践工作经验和专业判断能力有很大的关系，需要在实践中注意学习和总结。

四、重置成本法的综合运用评估案例

【案例2】2022年3月25日，客户于先生驾驶其奥迪Q5L到哈尔滨某奥迪专卖店进行二手车置换业务，以下是鉴定估价师对该车的检查鉴定情况。

1. 手续检验

该车出厂日期为2019年2月，初次登记日期为2019年3月31日，已行驶里程为52122 km。该车所有证件、手续齐全，真实合法。

2. 车辆使用背景

该车属私家车，有车库保管，仅为上下班用，长年工作在市区内，工作条件较好，使用强度不大，日常维护、保养也好。

3. 车辆配置

2.0T L4 190马力电喷发动机，7挡双离合变速器，前后排8气囊、电动座椅带有加热功能、前后倒车雷达、CD机、行李架、ABS+EBD系统、车载电话、LED大灯、电动后视镜、四门电动窗、助力转向、前后碟式制动器、中遥控及防盗系统、真皮方向盘及座椅、铝合金轮毂。

4. 车况检查

（1）静态检查：

①左前翼子板有钣金迹象，但做漆质量上乘，前后保险杠表面有碰伤痕迹，整体外观尚好；

②车辆的内部装饰清洁整齐，座椅皮面保养较好，电器部件工作良好；

③发动机舱内布置整齐合理，但清洁度差，较多尘土，机油量在中线；

④将车开进地沟检查发现：发动机保护钢板有剐蹭痕迹，其他部件尚好。

（2）动态检查：

①车辆启动后非常安静，无抖动现象，车辆起步加速反应良好，车辆行驶在60 km/h情况下，车辆悬架平稳，没有振抖、异响，胎噪声正常，突然加速车辆也无特别的声响，滑行效果良好，乘坐人员反映车辆舒适性不错。在高速公路上行驶110 km/h时车辆运行平稳，无振抖、异响、跑偏、摆偏、方向盘发抖等现象。

②动态试验后车辆油、水温正常，运动机件无过热，无漏水、油、电等现象。

已知该车型新车市场行情价为490 000元，试用重置成本——综合分析法评估该车的价值。

解：

根据题意，评估价值采用重置成本法计算，其计算公式为：

评估值 P = 重置成本 B – 实体性贬值 – 功能性贬值 – 经济性贬值

其中，实体性贬值运用综合分析法进行计算：

实体性贬值 = 重置成本 × (1 – 成新率)

①重置成本 B 的确定：因该车型市场上还在销售，故重置成本为市场价，即重置成本 B = 490 000元。同时由于评估车辆技术性能与市场上正在销售的对应车型完全一样，故功能性并未发生贬值，即功能性贬值 = 0元。另，对二手车价格有影响的各项经济环境并未发生改变，可以不考虑经济环境因素给车辆带来的贬值，故经济性贬值 = 0元。

综合以上分析：

评估值 P = 重置成本 B – 实体性贬值

= 重置成本 × 成新率

= $B \times C_F$

= $B \times (1 - Y/Y_g) \times K \times 100\%$

②初次登记日为2019年3月，评估基准日为2022年3月，则已使用年限 Y 为61个月，规定使用年限为15年，Y_g = 180个月。

③综合调整系数 K 的确定：根据技术鉴定情况，该车无须进行项目修理或换件，参考表4-5得到以下综合调整系数：

该车技术状况较好，车辆技术状况调整系数 $K_1 = 0.9$；

使用、维护保养较好，使用与维护保养调整系数 $K_2 = 0.9$；

此奥迪2.8轿车是国产名牌车，制造质量调整系数 $K_3 = 0.9$；

该车为私人用车，车辆用途调整系数 $K_4 = 1.0$；

该车主要在市内行驶，使用条件好，使用条件调整系数 $K_5 = 1.0$；

综合调整系数为

$$K = K_1 \times 30\% + K_2 \times 25\% + K_3 \times 20\% + K_4 \times 15\% + K_5 \times 10\%$$
$$= 0.9 \times 30\% + 0.9 \times 25\% + 0.9 \times 20\% + 1.0 \times 15\% + 1.0 \times 10\% = 0.925$$

④计算成新率 C_F：

$$C_F = (1 - Y/Y_g) \times K \times 100\% = (1 - 61/180) \times 0.925 \times 100\% = 61.15\%$$

⑤计算评估值 P：

$$P = B \times C_F = 490\,000 \times 61.15\% = 299\,635(元)$$

【案例3】 2022年8月内蒙古某通信公司委托当地一会计师事务所对欲处置的奥迪A4L进行评估。

1. 车辆概况

车牌号：蒙L××××；车型：奥迪A4L；发动机号：×××××××××；车架号：××××××××××××××××××；乘员数（包括驾驶员）：5人；生产商：一汽奥迪汽车有限公司；登记日期：2017年8月。

2. 性能参数及配置

CWN2.0T电喷发动机，额定功率140kW，国V排放标准，7挡双离合变速器，前后五连杆独立悬架、前后排6气囊、前后倒车雷达、USB接口、车载电话、LED大灯、四门电动窗、电动助力转向、前后碟式制动器、中遥控及防盗系统、真皮方向盘及座椅、铝合金轮毂。长×宽×高：4818mm×1843mm×1432mm，轴距2908mm，0~100km/h加速时间7.9s。

3. 试采用重置成本法——综合成新率法进行价值评估。

解：

根据题意，评估价值采用重置成本法计算，其计算公式为：

评估值 P = 重置成本 B - 实体性贬值 - 功能性贬值 - 经济性贬值

其中，实体性贬值运用综合成新率法进行计算：

实体性贬值 = 重置成本 × (1 - 成新率)

①重置成本 B 的确定：因该车型市场上还可买到新车，经当地市场询价，该款奥迪A4L的市场售价（含税）为339 800元，故重置成本为市场价，即重置成本 B = 339 800元。同时由于评估车辆技术性能与市场上正在销售的对应车型完全一样，故功能性并未发生贬值，即功能性贬值 = 0元。另，对二手车价格有影响的各项经济环境并未发生改变，可以不考虑经济环境因素给车辆带来的贬值，故经济性贬值 = 0元。

综合以上分析：

$$评估值 P = 重置成本 B - 实体性贬值$$
$$= 重置成本 B × 综合成新率 C_Z$$
$$= B × (C_1 · α_1 + C_2 · α_2)$$

② 成新率的确定。

采用综合成新率法计算成新率 C_Z。

a. 计算理论成新率 C_1：由于该车的里程表已坏，所以理论成新率 C_1 直接由年限法成新率计算而得。该车登记日期为 2017 年 8 月，评估基准日为 2022 年 8 月，已使用 5 年，根据国家《机动车强制报废标准规定》，小型乘用车无强制报废年限，对于该类车可按规定使用年限为 15 年进行计算，所以：

$$C_1 = (1 - 已使用年限/规定使用年限) × 100\% = (1 - 5/15) × 100\% = 67\%$$

b. 计算现场查勘成新率 C_2：评估人员在现场对该车的勘察中，分别对车辆的发动机、底盘、车身、内饰及电器系统进行鉴定打分，详见表 4-8，所以，现场勘察成新率 C_2 = 现场勘察打分值/100 = 51%。

表 4-8 车辆鉴定表

项目	鉴定标准	鉴定情况	评定分数
发动机、离合器总成	35 分 ①气缸压力是否符合标准； ②机油是否泄漏，冷却系统是否漏水； ③燃油消耗量是否在正常范围内； ④在高中低速时没有断火现象和其他异常现象	燃油消耗超标 -10 分 其他情况一般	15 分
前桥总成	8 分 工字梁应无变形和裂纹，转向系统操作轻便灵活，转向节不应有裂纹	操作较灵活及准确，其他均正常	5 分
后桥总成	10 分 圆锥主动齿轮轴在 1400～1500 r/min，各轴承温度不应高于 60℃，差速器及半轴的齿轮符合要求的敲击声或高低变化声响，各结合部位不允许漏油	基本符合要求	6 分
变速箱总成	8 分 ①变速箱在运动中，齿轮在任何挡位均不应有脱挡、跳挡及异常声响； ②变速杆不应有明显抖动，密封部位不漏油，变速操作杆操作灵便	符合要求	6 分
车架总成	14 分 车架应无变形，各焊接件应无裂纹及损伤，连接件齐全无松动	符合要求	10 分

续表4-8

项目	鉴定标准	鉴定情况	评定分数
车身总成	15分 车身无碰伤、脱漆、锈蚀、门窗玻璃完好，密封良好，座椅完整	有脱漆、锈蚀现象，车辆维护一般	5分
轮胎	2分 依磨损量确定	中度磨损	1分
其他	8分 ①制动系统：制动管不漏油； ②电器系统：电源点火、信号、照明应正常	工况一般	3分
合计			51分

取权重系数 $\alpha_1 = 0.4$、$\alpha_2 = 0.6$，则综合成新率为

$C_Z = (C_1 \cdot \alpha_1 + C_2 \cdot \alpha_2) = 67\% \times 0.4 + 51\% \times 0.6 = 55\%$

③评估值的确定。

评估价值 P = 重置成本 B × 综合成新率 = $339800 \times 55\% = 186890$（元）

第三节 收益现值法

一、收益现值法概述

（一）收益现值法的概念

收益现值法是通过估算被评估二手车在剩余寿命期内的预期收益，并折现为评估基准日的现值，借此来确定二手车价值的一种评估方法。也就是说，被评估的车辆是作为生产工具（例如出租车）进行使用的，在未来的使用过程中能够不断地、持续地创造收益，由未来创造价值的多少决定这台二手车的现值高低，现值在这里即被视为二手车的评估值。

（二）收益现值法的应用前提和适用范围

收益现值法应用的前提是：

①被评估二手车必须是经营性车辆，且具有继续经营和获利的能力；

②继续经营的预期收益可以预测而且必须能够用货币金额来表示；

③二手车购买者获得预期收益所承担的风险也可以预测，并可以用货币衡量；

④被评估二手车预期获利年限可以预测；

⑤被评估车辆未来残值可以预测。

由以上应用的前提条件可见，运用收益现值法进行评估时，是以车辆投入使用后连续获利为基础的。在机动车的交易中，人们购买的目的往往不在于车辆本身，而是车辆获利的能力。因此，收益现值法较适用投资营运的车辆。

(三)收益现值法的优缺点

1. 收益现值法的优点

①与投资决策相结合,容易被交易双方接受;
②能真实和较准确地反映车辆本金化的价格。

2. 收益现值法的缺点

①预期收益额和折现率以及风险报酬率的预测难度大;
②受主观判断和未来不可预见因素的影响较大。

二、收益现值法评估的计算过程

(一)计算公式

应用收益现值法求二手车的评估值,实际上就是对被评估二手车未来预期收益和最终残值进行折现。被评估二手车的评估值等于剩余寿命期内各收益期的收益折现值之和。其基本计算公式为

$$P = \sum_{t=1}^{n} \frac{A_t}{(1+i)^t} + \frac{P_n}{(1+i)^n} = \frac{A_1}{(1+i)^1} + \frac{A_2}{(1+i)^2} + \cdots + \frac{A_n}{(1+i)^n} + \frac{P_n}{(1+i)^n}$$

式中:P——评估值,元;

A_t——未来第 t 个收益期的预期收益额,元;

n——收益年期(即二手车剩余使用寿命的年限);

i——折现率,在经济分析中如果不作其他说明,一般指年利率或收益率;

t——收益期,一般以年计;

P_n——未来第 n 年时车辆的残值,元。

$\frac{A_t}{(1+i)^t}$ 表示第 t 年的收益折现值,$\frac{P_n}{(1+i)^n}$ 表示第 n 年以后的车辆残值折现值,一般取值为0。这是因为:一般情况,作为营运用车,最终将会直接报废,残值不过千元左右,再将其折至现值就微乎其微了,因此,在计算时,n 取值为该车剩余年限,就可以不计算最后的残值,或以最后的残值为零进行计算。

(二)收益现值法各评估参数的确定

1. 收益年期 n 的确定

收益年期一般是指从评估基准日到二手车报废的年限(即二手车剩余使用寿命的年限)。各类营运车辆的报废年限在国家《机动车强制报废标准规定》中都有具体规定。

2. 预期收益额 A_t 的确定

运用收益现值法时,未来每年收益额的确定是关键。预期收益额是指被评估二手车在其剩余使用寿命期内的使用过程中,可能带来的年纯收益额。确定车辆预期收益额时应注意下面这两点:

①预期收益额是通过预测分析获得的。对于买卖双方来说,判断车辆是否有价值,应判断该车辆是否能带来收益。对车辆收益能力的判断,不仅要看现在的情形,更重要的是关注未来的经营风险。

②收益额的构成。以企业为例,目前有几种观点:第一,企业税后利润;第二,企业税后利润与提取折旧额之和扣除投资额;第三,利润总额。在二手车评估业务中建议

选择第一种观点,目的是准确反映预期收益额。其计算公式为

$$收益额 = 税前收入 - 应交所得税 = 税前收入 \times (1 - 所得税率)$$

$$税前收入 = 当年的毛收入 - 车辆使用的各种税、费和人员劳务费等$$

3. 折现率 i 的确定

折现率是指将未来预期收益额折算成现值的比率。从本质上讲,折现率是一种期望投资报酬率,是投资者在投资风险一定的情况下,对投资所期望的回报率。折现率由无风险报酬率和风险报酬率两部分组成,即

$$折现率 i = 无风险报酬率 + 风险报酬率$$

无风险报酬率一般是指同期国库券利率,它实际上是一种无风险收益率。风险报酬率是指超过无风险收益率以上部分的投资回报率。在资产评估中,因资产的行业分布、种类、市场条件等的不同,其折现率亦不相同。因此,在利用收益法对二手车鉴定评估选择折现率时,应该对本企业、本行业历年收益率指标进行对比分析,以尽可能准确地估测二手车的折现率。但是,最后确定的折现率应该不低于国家债券或银行存款的利率。

三、收益现值法的综合运用评估案例

【案例4】某人2021年2月拟购置一辆较新的比亚迪e6用作个体出租车,经调查得到以下数据和信息:登记日期是2019年2月,已行驶里程为28.3万公里,车况良好,能正常行驶。如用作出租车,全年可出勤300天,每个工作日平均毛收入500元,评估基准日是2021年2月,车辆的剩余经济使用寿命期为6年。根据当时银行储蓄年利率、国家债券、行业收益等情况,确定无风险利率为15%,风险报酬率为5%。假设每年的纯收入相同,试结合上述条件评估该车可接受的最大投资额是多少。

解:

(1)根据题目条件,评估方法采用收益现值法。

(2)收益年期 n 的确定:从车辆登记日(2019年2月)至评估基准日(2021年1月)止,该车已使用2年,根据国家《机动车强制报废标准规定》的规定,出租车规定运营年限为8年,车辆剩余使用寿命为6年,即收益年期 $n = 6$。

(3)预期收益额 A_i 的确定:

① 根据题设条件,计算预计年毛收入,具体计算见表4-9。

表4-9 预计年收支

	预计年收入/元	$500 \times 300 = 150000$
预计年支出(元)	年电费消耗费用	$95 \times 300 = 28500$
	年检、保险及各种应支出费用	30000
	年日常维修保养费用	12000
	年平均大修费用	8000
	人员劳务费	16000
	出租车标付费	6000
	预计年毛收入/元	49500

②计算年预计纯收入：根据国家有关规定，从事个体出租车运营的出租车司机取得的收入，按个体工商户的生产、经营所得计算缴纳个人所得税。故应缴纳所得税为 3450 元，则年预计纯收入为 49500 − 3450 = 46050(元)。

③预期收益额 A_t = 年预计纯收入 = 46050 元。

（4）折现率 i 的确定：折现率 i = 无风险报酬率 + 风险报酬率 = 15% + 5% = 20%。

（5）计算评估值 P：

$$P = A_t \frac{(1+i)^n - 1}{i(1+i)^n} = 46050 \times \frac{(1+0.2)^6 - 1}{0.2 \times (1+0.2)^6} = 13.5(万元)$$

【案例 5】 某个体人员拟购买一辆轻型货车从事营运。已知该车的剩余使用年限为 4 年。适用的折现率为 8%，经预测 4 年内该车的预期收益分别为 1 万元、0.9 万元、0.8 万元和 0.7 万元，试用收益现值法评估该车辆目前的价格。

解：

由于该车每年的预期收益额不相等，根据收益现值法的基本计算公式，可得该车的评估值为：

$$P = \sum_{t=1}^{n} \frac{A_t}{(1+i)^t} = \frac{A_1}{(1+i)^1} + \frac{A_2}{(1+i)^2} + \cdots + \frac{A_n}{(1+i)^n}$$

$$= \frac{10000}{(1+8\%)^1} + \frac{9000}{(1+8\%)^2} + \frac{8000}{(1+8\%)^3} + \frac{7000}{(1+8\%)^4}$$

$$= 9259 + 7716 + 6351 + 5145$$

$$= 28471(元)$$

第四节　现行市价法

一、现行市价法概述

（一）现行市价法的概念

现行市价法又称市场法、市场价格比较法，是指以市场上最近售出的与被评估车辆可类比的车辆作为参照物，通过比较彼此间的异同，并据此对参照物的市场成交价进行调整，从而确定被评估车辆价值的一种评估方法。

其基本思路是，通过市场调查，在相同或类似市场里选择一个或几个与评估车辆相同或类似的车辆作参照车辆，分析参照车辆的构造、功能、性能、新旧程度、地区差别、交易条件及成交价格等，并与被评估车辆进行比较，找出两者的差别及其在价格上所反映的差额，经过适当调整，最终计算出被评估车辆的价格。

现行市价法是采用比较和类比的方法，根据替代原则，从二手车可能进行交易的角度来判断二手车的价值。

运用现行市价法要求充分利用类似二手车成交价格信息，并以此为基础判断和估测被评估二手车的价值。运用已被市场检验了的结论来评估被评估二手车,显然是容易被买卖双方当事人接受的。因此,现行市价法是二手车评估中最为直接、最具说服力的评估途径之一。

(二)现行市价法的应用前提和适用范围

1. 现行市价法的应用前提

由于现行市价法是以同类二手车销售价格相比较的方式来确定被评估二手车的价值,因此,运用这一方法时一般应具备两个基本的前提条件:

(1)要有一个市场发育成熟、交易活跃的二手车交易公开市场,经常有相同或类似二手车的交易,有充分的参照车辆可取,市场成交的二手车价格反映市场行情,这是应用现行市价法评估二手车的关键。在二手车交易市场上,二手车交易越频繁,与被评估相类似的二手车价格越容易获得,则二手车其价格越能代表市场现时行情。

(2)市场上参照的二手车与被评估二手车有可比较的指标,并且这些指标的技术参数等资料是可收集到的,且价值影响因素明确,可以量化。

运用现行市价法,重要的是要在交易市场上能够找到与被评估二手车相同或相类似的已成交过的参照车辆,并且参照车辆是近期的、可比较的。所谓近期,是指参照车辆交易时间与被评估二手车评估基准日相差时间相近,一般在一个季度之内;所谓可比较,是指参照车辆在规格、型号、功能、性能、配置、内部结构、新旧程度及交易条件等方面与被评估二手车不相上下。

2. 现行市价法的适用范围

现行市价法是从卖者的角度来考虑被评估二手车的变现值的,二手车评估价值的大小直接受市场的制约,因此,它特别适用于产权转让的畅销车型的评估,如二手车收购(尤其是成批收购)和典当等业务。若畅销车型的数据充分可靠,市场交易活跃,评估人员熟悉其市场交易情况,则采用现行市价法评估二手车所需时间会很短。

我国各地二手车交易市场完善程度、交易规模差异很大,有些地区的汽车保有量少、车型数少、二手车交易量少,寻找参照车辆较为困难。

因此,现行市价法的实际运用在那些成交较少的车型,以及我国某些交易量较少的二手车交易市场不太适合采用。

(三)现行市价法的优缺点

1. 现行市价法的优点

①能够客观反映二手车目前的市场情况,其评估的参数、指标,直接从市场获得,评估值能反映二手车市场现实价格。

②结果易被各方理解和接受。

2. 现行市价法的缺点

①需要公开及活跃的二手车市场作为基础,然而在我国很多地方二手车市场建立时间短,发育不完全、不完善,寻找参照车辆有一定的困难。

②可比因素多而复杂,操作难度较大。

二、现行市价法评估的计算过程

运用现行市价法评估二手车的价值通常采用直接市价法和类比调整市价法。

(一) 直接市价法

直接市价法是指在市场上能找到与被评估二手车相同或基本一致车辆的现行市价，并依其价格直接作为被评估二手车评估价格的一种方法。对于二手车而言，世界上并没有两台二手车会是完全相同的，即使型号相同，但使用者不同也会有完全不同的车况，因此，在这里所指的相同或基本一致车辆是指车辆型号、使用条件和技术状况相同或基本类似，生产和交易时间相近。直接市价法一般适用于最新上市的车辆，且使用年限很短，一般不超过2年。因为使用年限越短，车况就会越接近；而使用年限越长，车况差异就会越大。

(二) 类比调整市价法

1. 计算模型

类比调整市价法是指评估二手车时，在公开市场上找不到与之完全相同的车辆，但能找到与之相类似的车辆，以此为参照车辆，并根据车辆技术状况和交易条件的差异对参照车辆的价格做出相应调整，进而确定被评估二手车价格的一种评估方法。其基本计算公式为

$$P = P' \cdot K$$

式中：P——评估值，元；

P'——参照车辆的市场成交价格，元；

K——差异调整系数。

类比调整市价法不像直接市价法对参照车辆的条件要求那么严，只要求参照车辆与被评估二手车大的方面相同即可。

2. 评估步骤

（1）收集被评估二手车资料。

收集被评估二手车的相关资料，内容包括车辆的类别名称、车辆型号和技术性能参数、生产厂家和出厂年月、车辆用途、目前使用情况和实际技术状况、尚可使用的年限等，为市场数据资料的搜集及参照物的选择提供依据。

（2）选取参照车辆。

根据了解到的被评估二手车资料，按照可比性原则，从二手车交易市场上寻找可类比的参照车辆，参照车辆的选择应在两辆以上。车辆的可比因素主要包括：

①车辆型号和生产厂家。

②车辆用途，指的是私家车还是公务车，是乘用车还是商用车等。

③车辆使用年限和行驶里程。

④车辆实际技术性能和技术状况。

⑤车辆所处地区。由于地区经济发展的不平衡，收入水平存在差别，在不同地区的二手车交易市场，同样车辆的价格会有较大的差别。

⑥市场状况，指的是二手车交易市场处于低迷还是复苏、繁荣，车源丰富还是匮乏，车型涵盖面如何，交易量如何，新车价格趋势如何等。

⑦交易动机和目的，指车辆出售是以清偿还是以淘汰转让为目的，买方是获利转手倒卖或是购买自用。不同情况下的交易作价往往有较大的差别。

⑧成交数量，单辆与成批车辆交易的价格会有一定差别。

⑨成交时间，应采用近期成交的车辆作类比对象。由于国家经济、金融和交通政策以及市场供求关系会随时发生一些变化，市场行情也会随之变化，引起二手车价格的波动。

（3）类比和调整。

对被评估二手车和参照车辆之间的差异进行分析、比较，并进行适当的量化后调整为可比因素。主要差异及量化方法体现在以下方面：

①结构性能的差异及量化：汽车型号、结构上的差别都会集中反映到汽车的功能和性能的差别上，功能和性能的差异可通过功能、性能对汽车价格的影响进行估算（量化调整值＝结构性能差异值×成新率）。但是，动力系统类型不同不适于比较，因为各地各种车辆的相关政策对车辆的经济性贬值效能不一样，对不同的消费者影响也会不一样。例如，某城市实行老旧车制度，对国Ⅴ以下排放车辆实行限制迁入政策，对同一品牌车型两台互相参照比较的二手车而言，若两车发动机排放标准不同，由于使用者行驶区域、使用观念以及对未来限制使用的预测等不同，两款发动机的差异造成对两款二手车差价多少的理解差异很大，而最终导致评估师评估的价格差异很大。

②销售时间的差异与量化：在选择参照车辆时，应尽可能选择评估基准日的成交案例，以免去销售时间差异的量化；若参照车辆的交易时间在评估基准日之前，可采用价格指数法将销售时间差异量化并调整。

③新旧程度的差异及量化：被评估二手车与参照车辆在新旧程度上存在一定的差异，要求评估人员能够对二者做出基本判断，取得被评估二手车和参照车辆成新率后，以参照车辆的价格乘以被评估二手车与参照车辆成新率之差，即可得到两者新旧程度的差异量，即新旧程度差异量＝参照车辆价格×（被评估二手车成新率－参照车辆成新率）。

④销售数量的差异及量化：销售数量的多少、采用何种付款方式均会对二手车成交单价产生影响，对这两个因素在被评估二手车与参照车辆之间的差别，应首先了解清楚，然后根据具体情况做出必要的调整。一般来讲，卖主充分考虑货币的时间价值，会以较低的单价吸引购买者（常为经纪人）多买，尽管价格比零售价格低，但可提前收到货款。当被评估二手车是成批量交易时，以单辆汽车作为参照车辆是不合适的；而当被评估二手车只有一辆时，以成批汽车作为参照车辆也不合适。销售数量的不同会造成成交价格的差异，必须对此差异进行分析，适当调整被评估二手车的价值。

⑤付款方式的差异及量化：在二手车交易中，绝大多数为现款交易，在一些经济较活跃的地区已出现二手车的银行按揭销售。银行按揭的二手车与一次性付款的二手车价格差异由两部分组成：一是银行的贷款利息，贷款利息按贷款年限确定；另是汽车按揭保险费、手续费等，各保险公司的汽车按揭保险费率不完全相同，会有一些差异。

（4）计算评估值。

将各可比因素差异的调整值以适当的方式加以汇总，并据此对参照车辆的成交市价进行调整，从而确定被评估二手车的评估价格。

三、现行市价法的综合运用评估案例

【案例6】某评估人员在用现行市价法对某牌J1轿车进行价值评估时,收集了两辆参照车辆的技术经济参数。该车及参照车辆的技术经济参数见表4-10。

表4-10 被评估车辆与参照车辆的有关技术经济参数

序号	技术经济参数	参照车辆Ⅰ	参照车辆Ⅱ	被评估二手车
1	车辆型号	某牌J1	某牌J1	某牌J1
2	销售条件	公开市场	公开市场	公开市场
3	交易时间	2022年5月	2022年5月	2022年5月
4	使用年限	按15年计算	按15年计算	按15年计算
5	初次登记日期	2018年12月	2018年8月	2018年5月
6	已使用时间	3年5个月	3年11个月	4年
7	成新率	70%	65%	60%
8	交易数量	1	1	1
9	付款方式	现款	现款	现款
10	地点	北京朝阳区高碑店乡	北京朝阳区市区	北京朝阳区高碑店乡
11	物价指数	1	1.03	1
12	价格	48000元	43000元	待求评估值

解题步骤如下:

(1) 以参照车辆Ⅰ为参照车辆做各项差异量化和调整。

① 结构性能的差异及量化:

品牌型号为某牌J1,型号相同,结构性能无差异。

② 销售时间的差异与量化:

参照车辆Ⅰ成交时物价指数为$I_1=1$,被评估二手车评估时物价指数为$I_0=1$,该项物价指数调整值为:$I=I_0/I_1=1$

③ 新旧程度的差异及量化:

该项调整值为:$48000 \times (60\% - 70\%) = -4800(元)$

④ 销售数量和付款方式的差异及量化:

销售数量和付款方式基本无差异,不用量化和调整。

⑤ 计算以参照车辆Ⅰ为参照车辆时,被评估二手车的评估值P_1为:

$$P_1 = (48000 - 4800) \times 1 = 43200(元)$$

(2) 以参照车辆Ⅱ为参照车辆做各项差异量化和调整。

① 结构性能的差异及量化:

品牌型号为某牌J1,型号相同,结构性能无差异。

② 销售时间的差异与量化:

参照车辆Ⅱ成交时物价指数为$I_2=1.03$,被评估二手车评估时物价指数为$I_0=1$,该

项物价指数调整值为：$I = I_0 / I_2 = 0.98$

③新旧程度的差异及量化：

该项调整值为：$43000 \times (60\% - 65\%) = -2150$(元)

④销售数量和付款方式的差异及量化：

销售数量和付款方式基本无差异，不用量化和调整。

⑤计算以参照车辆Ⅱ为参照车辆时，被评估二手车的评估值 P_2 为：

$$P_2 = (43000 - 2150) \times 0.98 = 40033(元)$$

(3) 计算被评估二手车评估值。

由于两辆参照车辆与被评估二手车的交易时间相同，且成新率、已使用年限、交易地点等参数均相接近，故可采用算术平均法计算被评估二手车评估值 P，即

$$P = (P_1 + P_2)/2 = (43200 + 40033)/2 = 41616.5(元)$$

第五节 清算价格法

一、清算价格法概述

(一) 清算价格法的概念

清算价格法是以清算价格为依据来估算二手车价格的一种方法。所谓清算价格，指企业在停业或破产后，在一定的期限内拍卖资产(如车辆)时可得到的变现价格。

清算价格法的理论基础是清算价格标准。

(二) 清算价格法的应用前提和适用范围

1. 清算价格法的应用前提

以清算价格法评估车辆价格的前提条件有以下三点：

①以具有法律效力的破产处理文件或抵押合同及其他有效文件为依据；

②车辆在市场上可以快速出售变现；

③所卖收入足以补偿因出售车辆的附加支出总额。

2. 清算价格法的适用范围

清算价格法适用于企业破产、资产抵押和停业清理时要出售的车辆。

(1) 企业破产。当企业或个人因经营不善造成严重亏损、到期不能清偿债务时，企业应依法宣告破产，法院以其全部财产依法清偿其所欠的债务，不足部分不再清偿。

(2) 资产抵押。资产抵押是以所有者资产作抵押物进行融资的一种经济行为，是合同当事人一方用自己特定的财产(如机动车辆)向对方保证履行合同义务的担保形式。提供财产的一方为抵押人，接受抵押财产的一方为抵押权人。抵押人不履行合同时，抵押权人有权利将抵押财产在法律允许的范围内变卖，从变卖抵押物价款中优先受偿。

(3) 停业清理。停业清理是指企业由于经营不善导致严重亏损，已临近破产的边缘或因其他原因将无法继续经营下去，为弄清企业财物现状，对全部财产进行清点、整理和查核，为经营决策(破产清算或继续经营)提供依据，以及因资产损毁、报废而进行清

理、拆除等的经济行为。

（三）影响清算价格的主要因素

在二手车评估中，影响清算价格的主要因素包括破产形式、债权人处置车辆的方式、车辆清理费用、拍卖时限、公平市价和参照车辆价格等。

（1）破产形式。如果企业丧失车辆处置权，出售的一方无讨价还价的可能，则以买方出价决定车辆售价；如果企业未丧失处置权，出售车辆一方尚有讨价还价余地，则以双方议价决定售价。

（2）债权人处置车辆的方式。按抵押时的合同契约规定执行，如公开拍卖或收回已有。

（3）车辆清理费用。在企业破产等情况下评估车辆价格时，应对车辆清理费用及其他费用给予充分的考虑。如果这些费用太高，拍卖变现后所剩无几，则失去了拍卖还债的意义。

（4）拍卖时限。一般来说，规定的拍卖时限长，售价会高些；时限短，则售价会低些。这是由资产快速变现原则产生的特定买方市场所决定的。

（5）公平市价。公平市价是指车辆交易成交时，使交易双方都满意的价格。在清算价格中卖方满意的价格一般不易求得。

（6）参照车辆价格。参照车辆价格是指在市场上出售相同或类似车辆的价格。一般地说，市场参照车辆价格高，车辆出售的价格就会高，反之则低。

二、清算价格的计算方法

目前，对于清算价格的确定方法，从理论上还难以找到十分有效的依据，但在实践上仍有一些方法可以采用，主要方法有如下三种。

1. 评估价格折扣法

首先，根据被评估二手车的具体情况及所获得的资料，选择重置成本法、收益现值法及现行市价法中的一种方法确定被评估二手车的价格；然后，根据市场调查和快速变现原则，确定一个合适的折扣率。用评估价格乘以折扣率，所得结果即为被评估二手车的清算价格。

例如，一辆旧的本田锋范，经调查在二手车交易市场上成交价为4万元，根据销售情况调查，折价20%可以当即出售，则该车辆清算价格为$4×(1-20\%)=3.2$（万元）。

2. 模拟拍卖法

模拟拍卖法，也称意向询价法。这种方法是根据向被评估二手车的潜在购买者询价的办法取得市场信息，最后经评估人员分析确定其清算价格的一种方法。用这种方法确定的清算价格受供需关系影响很大，要充分考虑其影响的程度。

例如，有宝马X3车1台，拟评估其拍卖清算价格，评估人员经过对5位意向购买者征询意向价格，其报价分别为13.5万元、13.7万元、13.4万元、13.4万元和13.6万元，平均价为13.5万元。考虑目前各种因素，评估人员确定清算价格为13.5万元。

3. 竞价法

竞价法是由法院按照破产清算的法定程序或由卖方根据评估结果提出一个拍卖的底价，在公开市场上由买方竞争出价，谁出的价格高就卖给谁。

第六节 评估报告的撰写

二手车评估报告是评估机构或评估师在完成鉴定评估工作后，向委托方提供鉴定评估工作的总结。它是二手车交易市场履行评估委托协议的总结。报告不仅反映出二手车交易市场对被评估车辆作价的意见，而且也确认了二手车交易市场对所鉴定评估的结果应负的法律责任。

一、基本要求

（1）鉴定评估报告必须依照客观、公正、实事求是的原则由二手车交易市场或评估师独立撰写，如实反映鉴定评估的实际情况。

（2）鉴定评估报告应有委托单位（或个人）的名称，二手车交易市场法人代表或其委托人和二手车鉴定评估师的签字，以及提供报告的日期等。

（3）鉴定评估报告要写明评估基准日，并且不得随意更改。所有在评估中采用的税率、费率、利率和其他价格标准，均应采用基准日的标准。

（4）鉴定评估报告中应写明评估的目的、范围、二手车当前的状态和产权归属。

（5）鉴定评估报告应说明评估工作遵循的原则和依据的法律法规，简述鉴定评估过程，写明评估的方法。

（6）鉴定评估报告应有明确的鉴定评估价值结果。

（7）鉴定评估报告还应有齐全的附件。

二、二手车鉴定评估报告书正文的基本内容

二手车鉴定评估报告书主要包括以下内容。

1. 首部

鉴定评估报告书正文的首部应包括标题和报告书序号两部分。标题应简练清晰，报告书序号应符合公文的要求，包括评估机构特征字、公文种类特征字、年份、文件序号等。

2. 绪言

写明该评估报告委托方全称、受委托评估事项及评估工作整体情况。

3. 委托方与车辆所有方介绍

应写明委托方、委托方联系人的名称、联系电话及住址，车主名称等委托方的详细情况。

4. 鉴定评估目的

应写明本次鉴定评估是为了满足委托方的何种需要，及其所对应的经济行为类型。例如，交易、抵押、担保、司法裁决等项目评估目的。

5. 鉴定评估对象

须简要写明纳入评估范围车辆的厂牌型号、牌照号、发动机号、车架号、登记日期、

年审检验合格有效日期、公路规费交至日期、车辆购置税证号码等。

6. 鉴定评估基准日

写明车辆鉴定评估基准日的具体日期，式样如：鉴定评估基准日××××年××月××日。

7. 评估原则

写明鉴定评估过程应遵守的各项原则，如应严格遵守"客观性、独立性、公正性、科学性"原则。

8. 评估依据

评估依据一般包括行为依据、法律法规依据、产权依据和评定及取价依据等。对评估中所采用的特殊依据也应在本部分内容中披露。

①行为依据。行为依据主要指二手车鉴定评估委托书、法院的委托书等经济行为文件，如"二手车鉴定评估委托书××年第××号"。

②法律、法规依据。法律、法规依据应包括车辆鉴定评估的有关条款、文件及涉及车辆评估的有关法律、法规等。

③产权依据。产权依据是指被评估车辆的机动车登记证书或其他能够证明车辆产权的文件等。

④评定及取价依据。评定及取价依据应为鉴定机构收集的国家有关部门发布的统计资料和技术标准资料，以及评估机构收集的有关询价资料和参数资料等，如依据的技术标准资料、技术参数资料、技术鉴定资料、其他资料等。

9. 评估方法及计算过程

简要说明评估人员在评估过程中所选择并使用的评估方法；简要说明选择评估方法的依据或原因，如评估时采用一种以上的评估方法，应适当说明原因并说明该资产评估价值确定方法；对于所选择的特殊评估方法，应适当介绍其原理和适用范围；各种评估方法计算的主要步骤等。

10. 评估过程

评估过程应反映二手车鉴定评估机构自接受评估委托起至提交评估报告的工作过程，包括接受委托、验证、现场查勘、市场调查与询证、评定估算和提交报告等过程。

11. 评估结论

对报告加以分析和归纳，从而得出最终结论，给出被评估车辆的评估价格。

12. 特别事项说明

评估报告中陈述的特别事项是指在已确定评估结果的前提下，评估人员揭示在评估过程中已发现可能影响评估结论，但非评估人员执业水平和能力所能评定估算的有关事项；提示评估报告使用者应注意特别事项对评估的影响；揭示鉴定评估人员认为需要说明的其他问题。

13. 评估报告法律效力

①揭示评估报告的有效日期，如本项评估结论自评估基准日至××××年××月××日止。

②特别提示评估基准日到期后及其他事项对评估结论的影响，评估报告的使用范围等。

14. 附件

列出与评估有关、支持评估结果的重要文件，例如，二手车鉴定评估委托书、二手车鉴定评估作业表、车辆行驶证、车辆购置税、车辆登记证书复印件、二手车鉴定评估师资格证书复印件、鉴定评估机构营业执照复印件、鉴定评估机构资质复印件和二手车照片等。

三、二手车鉴定评估报告书编写步骤

编制二手车鉴定评估报告书是完成评估工作的最后一道工序，也是评估工作中的一个重要环节。评估人员通过评估报告不仅要真实准确地反映评估工作的情况，而且表明评估者在今后一段时期里对评估的结果和有关的全部附件资料承担相应的法律责任。二手车鉴定评估报告是记述鉴定评估成果的文件，是鉴定评估机构向委托方和二手车鉴定评估管理部门提交的主要成果。鉴定评估报告的质量高低，不仅反映鉴定评估人员的水平，而且直接关系到有关各方的利益。这要求评估人员编制的报告要思路清晰、文字简练准确、格式规范、有关的取证与调查材料和数据真实可靠。为了达到这些要求，评估人员应按照下列步骤进行评估报告的编制。

1. 评估资料的分类整理

被评估二手车的有关背景资料、技术鉴定情况资料及其他可供参考的数据记录等评估资料是编制二手车鉴定评估报告的基础。一个较复杂的评估项目是由两个或两个以上评估人员合作完成的，须对评估资料进行分类整理，包括评估作业表的审核、评估依据的说明和最后形成评估的文字材料。

2. 鉴定评估资料的分析讨论

在整理资料工作完成后，应召集参与评估工作过程的有关人员，对评估的情况和初步结论进行分析讨论。如发现其中提法不妥、计算错误、作价不合理等方面的问题，要进行必要的调整。若采用两种不同的方法评估并得出两个不同结论的，需要在充分讨论的基础上得出一个正确的结论。

3. 鉴定评估报告的撰写

评估报告的负责人应根据评估资料讨论后的修正意见，进行资料的汇总编排和评估报告书的撰写；然后将二手车鉴定评估的基本情况和评估报告书初稿得到的初步结论与委托方交换意见，听取委托方的反馈意见后，在坚持客观、公正、科学、可行的前提下，认真分析委托方提出的问题和意见，考虑是否应该修改评估报告书，对报告书中存在的疏忽、遗漏和错误之处进行修正，待修正完毕即可撰写出正式的二手车鉴定报告书。

4. 评估报告的审核

评估报告先由项目负责人审核，再报评估机构经理审核签发，同时要求二手车鉴定评估人员签字并加盖评估机构公章。送达客户签收时，必须要求客户在收到评估书后，按送达回证上的要求认真填写并要求收件人签字确认。

四、二手车鉴定评估报告书模板

（注：下划线部分文字为填写指引或参考）

二手车鉴定评估报告书

××××鉴定评估机构评报字(××××年第××号)

一、绪言

××××(鉴定评估机构)接受×××的委托,根据国家有关资产评估的规定,本着客观、独立、公正、科学的原则,按照公认的资产评估方法,对×××(车牌号/型号)进行了鉴定评估。本机构鉴定评估人员按照必要的程序对委托鉴定评估车辆实施了实地查勘、市场调查与询证,对委托鉴定评估车辆在××××年××月××日所表现的市场价值作出了公允反映。现将车辆评估情况及鉴定评估结果报告如下:

二、委托方与车辆占有方简介

(1)委托方:×××××,委托方联系人:×××

(2)根据机动车行驶证所示,委托车辆车主:×××

三、评估目的

根据委托方的要求,本项目评估目的为:□交易 □转籍 □拍卖 □转换 □抵押 □担保 □咨询 □司法裁决 □典当 □其他

四、评估对象

评估对象车辆的品牌型号×××;牌照号×××××;发动机号×××;车辆VIN码×××;登记日期×××;年审检验合格至××××年××月;其他行车证件齐全、有效。

五、鉴定评估基准日

鉴定评估基准日××××年××月××日

六、评估原则

严谨遵循"客观性、独立性、公正性、科学性"原则。

七、评估依据

(1)行为依据

二手车鉴定评估委托书××年第××号。

(2)法律、法规依据

①"国有资产评估管理办法"(国务院令91号)及相关通知。

②《机动车强制报废标准规定》及机动车报废有关规定。

③"二手车流通管理办法"(商务部、公安部等)及相关通知。

④《机动车登记规定》及有关规定。

⑤其他与车辆鉴定评估有关的法律、法规等。

（3）产权依据

委托鉴定评估车辆的机动车登记证书××号：×××

（4）评定及取价依据

①依据的技术标准资料：GB 7258《机动车运行安全技术条件》、GB/T 30323《二手车鉴定评估技术规范》、GB 38900《机动车安全技术检验项目和方法》、机动车排气污染物排放相关标准等。

②技术参数资料：《汽车技术说明书》《车型技术参数表》《汽车技术参数手册》等。

③技术鉴定资料：《机动车检验报告单》《交通事故车辆技术鉴定书》《维修记录单》等。

④其他资料：市场询价资料、行业协会价格指导手册等。

八、技术鉴定结果

（1）技术状况缺陷描述：_____

（2）重要配置及参数信息：_____

九、评估方法

□重置成本法　　□现行市价法　　□收益现值法　　□其他①

计算过程如下：_____

十、评估过程

按照　接受委托、验证、现场查勘、评定估算、提交报告的程序进行。

十一、评估结论

车辆评估价格_____元，金额大写_____

十二、特别事项说明②

_____

十三、评估报告法律效力

（1）本项评估结论有效期为90天，自评估基准日至×××年××月××日止。

（2）当评估目的在有效期内实现时，可以本评估结果作为作价参考依据。超过90天，需重新评估。另外在评估有效期内若被评估车辆的市场价格或因交通事故等原因导致车辆的价值发生变化，对车辆评估结果产生明显影响时，委托方也需重新委托评估机构重新评估。

（3）鉴定评估报告书的使用权归委托方所有，其评估结论仅供委托方为本项目评估目

---

① 指利用两种或两种以上的评估方法对车辆进行鉴定评估，并以它们评估结果的加权值为终评估结果的方法。

② 特别事项是指在已确定评估结果的前提下，评估人员揭示在评估过程中已发现可能影响评估结论，但非评估人员水平和能力所能评定估算的有关事项，以及评估人员认为需要说明的其他问题。

的使用和送交旧机动车鉴定评估主管机关审查使用，不适用于其他目的；因使用本报告书不当而产生的任何后果与签署本报告书的鉴定估价师无关；未经委托方许可，本鉴定评估机构承诺不将本报告书的内容向他人提供或公开。

××鉴定评估机构(盖章)　　　二手车鉴定评估师(签字、盖章)×××

　　　　　　　　　　　　　　　报告复核人①(签字、盖章)×××

　　　　　　　　　　　　　　　二手车鉴定评估机构法人代表(签字、盖章)×××

　　　　　　　　　　　　　　　××××年××月××日

附件包括：(1)二手车鉴定评估委托书。
　　　　　(2)二手车鉴定评估作业表。
　　　　　(3)车辆行驶证，购置附加税(费)证复印件。
　　　　　(4)鉴定评估师职业资格证书复印件。
　　　　　(5)鉴定评估机构营业执照复印件。
　　　　　(6)评估车辆照片(要求外观清晰车辆版照能够辨认)

---

① 报告复核人须具有高级鉴定估价师资格。

二手车评估委托书

委托书编号：

_____二手车鉴定评估机构：

因口交易 口转籍 口拍卖 口置换 口抵押 口担保 口咨询 口司法裁决需要，特委托你单位对车辆(号牌号码××××××、品牌类型×××、发动机号×××、VIN码×××)进行技术状况鉴定并出具评估报告书。

附：**委托评估车辆基本信息**

车主		身份证号码/法人代码证		联系电话	
住址				邮政编码	
经办人				联系电话	
住址		身份证号码		邮政编码	
车辆情况	品牌型号			使用用途	
	载重量/座位/排量			燃料种类	
	初次登记日期	年 月 日		车身颜色	
	已使用年限	年 个月	累计行驶里程(万公里)		
	大修次数	发动机(次)		整车(次)	
	维修情况				
	事故情况				
价值反映	购置日期	年 月 日	原始价格(元)		
	车主报价(元)				
备注：					

填表说明：
1. 若被评估车辆使用用途曾经为营运车辆，需在备注栏中予以说明；
2. 委托方必须对车辆信息的真实性负责，不得隐瞒任何情节，凡由此引起的法律责任及赔偿责任由委托方负责；
3. 本委托书一式二份，委托方、受托方各一份。

委托方(签字、盖章)　　　　　　　　　　经办人：(签字、盖章)
　年　月　日　　　　　　　　　　　　　(×××鉴定评估机构盖章)
　　　　　　　　　　　　　　　　　　　　　　年　月　日

二手车鉴定评估作业表

<table>
<tr><td rowspan="10">基本信息</td><td>品牌型号</td><td colspan="2"></td><td>号牌号码</td><td></td></tr>
<tr><td>车辆类型</td><td colspan="2"></td><td>车身颜色</td><td></td></tr>
<tr><td>VIN 码</td><td colspan="2"></td><td>发动机号</td><td></td></tr>
<tr><td>总质量</td><td colspan="2"></td><td>排量</td><td></td></tr>
<tr><td>座位</td><td colspan="2"></td><td>燃料种类</td><td></td></tr>
<tr><td>初次登记日期</td><td colspan="2">年　　月</td><td>已使用年限</td><td>年　　个月</td></tr>
<tr><td>检验有效期至</td><td colspan="2">年　　月</td><td>交强险有效期至</td><td>年　　月</td></tr>
<tr><td>累计行驶里程</td><td colspan="2">万公里</td><td>使用用途</td><td></td></tr>
<tr><td colspan="2" rowspan="2">证件和税费</td><td>证件</td><td colspan="3">□原始发票　□机动动车登记证书　□机动车行驶证　□法人代码证或身份证　□保单　□其他</td></tr>
<tr><td>税费</td><td colspan="3">□购置附加税　□车船使用税　□其他</td></tr>
</table>

<table>
<tr><td colspan="3">重要配置</td><td></td></tr>
<tr><td rowspan="11">技术状况</td><td rowspan="5">静态检查</td><td>车身</td><td></td></tr>
<tr><td>发动机舱</td><td></td></tr>
<tr><td>底盘</td><td></td></tr>
<tr><td>电气</td><td></td></tr>
<tr><td>行李厢</td><td></td></tr>
<tr><td rowspan="7">动态检查</td><td>起动</td><td></td></tr>
<tr><td>怠速</td><td></td></tr>
<tr><td>动力性</td><td></td></tr>
<tr><td>传动系统</td><td></td></tr>
<tr><td>行驶系统</td><td></td></tr>
<tr><td>转向系统</td><td></td></tr>
<tr><td>制动系统</td><td></td></tr>
<tr><td colspan="2"></td><td>电气性能</td><td></td></tr>
<tr><td colspan="3">维护保养情况</td><td>现时状态</td></tr>
<tr><td colspan="4">鉴定评估目的：</td></tr>
<tr><td colspan="2">鉴定评估说明</td><td colspan="2"></td></tr>
</table>

二手车评估师：（签字、盖章）　　　　　二手车鉴定评估机构：（盖章）
　　年　　月　　日　　　　　　　　　　　　年　　月　　日

复习思考题

1. 二手车价值评估原则有哪些?
2. 目前常用的二手车评估方法有哪些,分别在什么范围内适用?
3. 二手车成新率计算方法有哪些?
4. 一辆剩余年限为 2 年的二手出租车,经预测这两年的预期收益为:第一年 2.5 万元,第二年为 2.1 万元,设折现率为 15%,用收益现值法估算其价值为多少?
5. 王先生想购置一台二手车,2022 年 7 月,听说陈先生准备以 7 万元的价格转让一台丰田卡罗拉,该车排量为 1.8 L,初次登记日期为 2017 年 7 月,基本在市区上下班使用,累计行驶 7.5 万公里,维修保养情况较好,路试车况一般。2022 年 7 月该车新车(包购置税)价格为 12 万元,请利用重置成本综合分析法计算其估值,并根据市场行情帮陈先生分析一下,按此价格转让是否可行?

第五章 二手车交易

【本章学习目标】

素质(思政)目标：
- 培养学生独立的学习和分析能力；
- 培养学生团队协作意识和表达沟通能力；
- 培养学生认真负责、严谨细致的工作态度和工作作风；
- 培养良好的操作规范和文档规范习惯；
- 培养学生爱岗敬业的社会价值观；
- 培养学生法制意识和精神。

知识目标：
- 了解我国二手车交易的类型；
- 掌握我国二手车市场交易的基本流程；
- 熟悉二手车收购的流程、定价方法以及操作经营技巧；
- 熟悉二手车置换的流程、技能以及操作经营技巧；
- 熟悉二手车销售的流程、定价方法以及操作经营技巧；
- 了解二手车拍卖的流程、技能以及操作技巧；
- 掌握二手车过户的基本流程及相关手续办理。

能力目标：
- 能够独立完成调研表格的设计；
- 能够对线上线下二手车发展状况进行调研；
- 能够规范地撰写调研报告；
- 具有操作收购、置换、销售二手车业务的能力；
- 具有向客户解答二手车过户等各项手续及费用的能力；
- 具有掌握二手车价格行情、供求信息的收集渠道和方法的能力。

第一节 二手车交易概述

二手车交易是指以合法的、可交易的在用车作为交易对象，在国家规定的二手车交易市场或其他经合法审批的交易市场中进行的二手车的商品交换和产权交易。二手车交易作为商品的一种交易，具有商品交易的共性：一是交易双方都是自由的，二是交易双方都认为是合适的。前者是交易发生的基础，后者是交易成立的原则。

一、二手车交易类型

依据交易双方的行为和参与程度的差异可以分为二手车的收购、置换、销售、拍卖、寄售、代购、代售、租赁、经销、经纪、鉴定评估、直接交易（转让）、让与，等等。其中收购、置换、销售、拍卖为最主要的交易形式，本章后面将一一详细讲解，现将其他交易行为简单介绍一下：

（1）寄售：卖车方为了获得更高的售价，在不急于资金回收的情况下，与二手车车行签订协议，将所售车辆委托车行保管及寻找买主，车行从中收取一定的场地费、服务费及保管费。

（2）代购：在无需客户进场直接购置的前提下，二手车经营主体（二手车车行）按照客户的要求，代客户购置二手车的行为。车行可帮助办理其他手续但领新的行驶证一定要新车车主本人亲自去。

（3）代销（售）：在无需客户进场直接销售的前提下，二手车车行按照客户的要求代为销售二手车的行为。代销与收购的不同之处是，收购原车主可立即收到售车款，代售要等到旧车卖出去后才能收到售车款，代售有可能卖出一个较高的价钱。

（4）租赁：二手车车行将二手车租给用户使用，按日或按周收取租金的行为。这项业务一般在专门的汽车租赁公司进行，二手车车行很少开展这项业务。规模较大的二手车经营者也会兼营租赁业务，利用某些闲置的车辆（例如，卖场里已经有足够多的某一品牌某一型号的车辆，此时再增加该品牌型号的二手车并不能对销售带来任何好处，甚至还会增加客户选车的犹豫时间，有经验的二手车商会将其出租或者自用）或者销售周期较长的车辆开展租赁业务，但这些车辆必须是已过户至经营者自己，否则一旦出现交通事故时对原车主不好交代。

（5）经纪：二手车经营主体（经纪公司）以收取佣金为目的，为促成他人交易二手车而从事居间提供信息服务的行为。

（6）直接交易（转让）：二手车所有人，不通过经销企业、拍卖企业和经纪机构等二手车经营主体，将车辆直接出售给买方的行为。如前所述，直接交易的双方必须到办证大厅开专用的二手车交易发票、交过户费和其他费用后才能办理过户手续，未经过户的交易行为，法律不予承认，车主还是原来的车主，一切有关车辆的官司都由原来的车主承担。

（7）让与：将二手车让与别人而不要求任何实体的东西作为回报的一种二手车处理方式。只有直系亲属之间的让与不需到二手车办证大厅办理过户手续，只要到车管所申请办理变更手续即可。

本书旨在指导学生掌握二手车是如何在市场中进行交易的过程，将重点介绍市场中最常见的二手车交易过程，即：二手车商先收购原车主的车辆，然后经过车辆整备（包括检测、修复、翻新、美容等工序）以后进行展示销售，再将其卖给新车主的过程。

二、二手车交易特点

二手车的交易不同于其他一般商品的交易，其具有特殊性。首先，二手车交易是机动车交易的一种，应符合和遵循汽车交易的一系列法规制度。不同于一般的机电类商品，二手车产权发生变更时需要专门到车管部门办理相关的产权变更手续，否则交易不受法律保护。其次，二手车交易是旧货交易的一种，应符合旧货交易的法律法规。

二手车交易既具有新车交易的共同特点，但同时又有别于新车的交易，主要有以下特点：

(1) 技术性和专业性要求高：汽车是经过复杂加工而成的产品，包含着丰富的技术内容，这点新车旧车都是一样的。而不同的旧车之间技术状况差异很大，从事旧车交易的人员对各种品牌型号的汽车性能的各种检查检测方法、故障现象、故障原因以及维修工艺和费用都要有较深的了解，还要熟悉二手车交易的相关法律法规和交易程序，所有技术性和专业性都很强。

(2) 涉及价值评估技能：不同于新车的是，二手车一车一价。评估交易人员必须具备价值评估技能，掌握价值规律的相关知识。二手车行业属于资金密集型行业，掌握价值规律对于正确决策尤为重要。当前，由于交易量不是很大，市场不够成熟，信息极度不对称，交易人员定价较随意，投机心态较强，交易价格往往会偏离合理的价值范围；但当交易量达到一定程度，市场趋于成熟，拥有大量购买者和大量出售者时，价格将会趋于合理。掌握二手车价值规律很难，但其对于二手车经营者正确决策有着非常重要的作用。

(3) 交易技巧要求高：二手车虽然有时有评估值，但也只是作为交易的参考价而不是指导价，价格弹性大，交易人员有很大的发挥空间，此时对交易人员的个人能力要求很高，交易技巧对公司赢利有很大影响，不同的人创造的价值就会不一样，甚至差异较大，在这方面，新车销售是不会的。交易难度大、交易技巧高也是二手车交易有别于一般旧货交易的地方。这主要是因为，二手车产品的结构复杂性、技术复杂性决定了二手车交易在技术和管理上的难度加大，同时由于新车技术不断进步，汽车制造和维修工艺的不断发展，使得二手车交易在整个交易难度上变得比一般的旧货交易大得多。很多汽车交易除了收购，还要进行美容整容、技术状况鉴定、价格评估、确定销售价格、签交易合同、办理过户手续、车辆交接、售后服务等，使整个交易过程延长，和一般旧货交易的一手交钱、一手交货迅速完成交易有天壤之别。

(4) 交易管理难度大：在这里提到的交易管理包括两个方面的管理。一个方面是行业管理难度大，二手车产品的结构和技术的复杂性决定了二手车经营者在技术上相对于车主而言具有绝对的优势，但是由于监控管理困难，受利益驱使，就出现了许多调里程表、隐瞒事故现实等违规行为，而这些行为较难监控，致使行业缺乏信任；另一方面是经营者内部管理难度大，由于每一台二手车均不一样，价格的高低、成交与否很大程度上取决于收购评估师或销售人员，管理者无法掌握每一台二手车的交易过程，高额的价差驱使许多人参与暗箱操作、私下炒车，管理者很难监控到每一台车的成交过程，使其管理难度大。究其根源，客观上是由于二手车交易的复杂性决定的，主观上则是由于从业人员素质和职业操守参差不齐造成的，这些问题的改进，都需要较长的时间。

三、二手车交易流程

二手车的一般交易过程是二手车商先收购原车主的车辆，然后经过车辆整备（包括检测、修复、翻新、美容等工序）以后进行展示销售，再将其卖给新车主。

(1) 按照二手车商（车行）规定进行交易谈判。一旦和二手车商达成买卖的意向之后，就要将自己和车辆的各种证件带上，去政府认可的车辆刑侦检测点进行刑侦检测，主要是核对车辆发动机和车架上的钢印号，目的是确定车辆的合法性以及卖主对车辆所有权的真实性，防止一些不法分子将一些"黑车"在二手车市场上销赃。许多地区在车辆检验无误后就进入车辆交接付款阶段，一旦车辆交接付款，双方对该车辆的使用责任将以交接的一刻为界，各自承担责任。例如，该车的违章发生在车辆交接以后，那该违章与原车主无关，但若违章发生在车辆交接之前，即使公告在双方交接之后，那该违章也应该由原车主负责承担处罚责任。

（2）车辆交接完毕，将进入到整备环节，即进行检测、修复、翻新、美容等工序。负责任的二手车商首先会对收购的车辆进行全面检测并维修，例如，上海通用的"诚新二手车"就是经过106项检测并修复的，但绝大多数二手车商对车辆仅仅进行简单的检测和维修，其目的是不影响销售即可，因此，检测和维修的重点放在启动及低速时的各种异响消除、怠速的基本稳定等表面状态，有的甚至通过清洗来掩饰某些部位的油、水渗漏问题。检测并维修完毕以后，将对有伤痕的表面重新进行喷漆处理，俗称"翻新"，"翻新"完毕以后进行打蜡抛光，对内饰、引擎室进行清洗，其目的也是为了使车辆在销售时有一个漂亮的外观，这项工作完毕以后进入到销售展示环节。整备环节并非每一个二手车商都会去做，许多规模小的二手车商并不经过整备环节，简单洗洗就直接上市销售了，当然也就卖不了什么好价钱。

（3）二手车商将整备好的车辆放在二手车市场里或者自己的销售公司里展示销售。较为规范的经销商会明确标示该车辆的主要信息，例如品牌、首次入户时间、行驶公里数、保险税费、牌照等情况的信息，也会明确标示该车辆的销售报价，也有的只标注该车辆的主要信息，不标注销售报价，这就需要消费者自己去询问了。

（4）消费者在自由、公开的环境下就其关注的二手车跟二手车商商谈，了解车辆信息，测试和试驾车辆。我国的二手车市场基本没有正式的试车场地，试驾车辆一般不允许上市政道路，仅在卖场周边附近1～2公里的范围内，因此，车辆速度并不会太快，测试的挡位也不会很高，这对高速状态下的故障以及运行一段时间以后才出现的故障往往则不易被发现。消费者对车况基本满意后就进行价格谈判，在双方成交价格以及双方关注的问题均取得一致以后，就签订协议交钱提车。值得注意的是，车辆过户手续一般是由二手车商代为办理，因此，出于对原车主负责的态度，二手车商往往会要求在车辆过户以后才将车辆交付给新车主，当然，新车主也可以先仅仅只支付定金，提车时再支付余下车款。双方进入车辆交接阶段也如同收购时一样，一旦车辆交接付款，双方对该车辆的使用责任将以交接的一刻为界，各自承担责任。

（5）车辆过户完毕则标志着该车辆的二手车交易过程完毕。

第二节 二手车收购

对于经营二手车的企业而言，二手车收购环节至关重要，没有收购就没有销售，也就不可能产生利润。

二手车不同于新车，新车都是一样的，这一台不赚钱，还有下一台可盈利，而二手车则不同，每一台车的收购过程凝聚了工作人员的汗水、努力以及经营者的投资，收购一台二手车就像播种了一个希望，卖出去就没有了，如果不能获得最好的利润就会很可惜，倘若失败了，收购成本过高使之成为"鸡肋"，甚至导致亏损。

需要说明的是，本节讨论的二手车收购是指在常规市场交易过程中的二手车收购业务，不针对拍卖、清算等形式。而且，在实际交易过程中，由于评估师也承担着谈判收购的职责，因此，在本章讲解中所指的评估师不仅仅要对车辆进行鉴定评估，而且还要代表经营者进行收购业务，也承担着收购人员的角色。

一、二手车收购流程

图 5－1 为二手车收购的基本流程，具体内容如下：

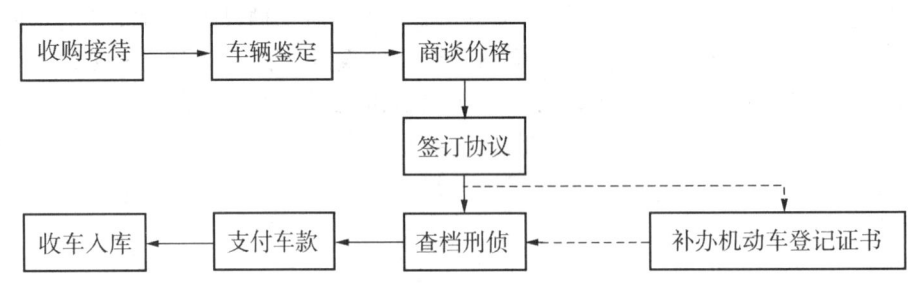

图 5－1　二手车收购基本流程

第一步，收购接待

无论是车主主动来到店里评估还是评估师上门看车，都需要进行评估收购前的接触，对评估师而言，也就是收购接待工作。这个环节主要是对车主身份以及相关证件进行初步的核对，同时双方也可通过这个环节彼此间有个初步的了解，判断交易是否可靠。

由于二手车行业起步较晚，部分经营者素质较低，没有经过规范的培训，在礼仪、话术等方面表现得让车主不放心，会严重影响顺利成交。

第二步，车辆鉴定

这个环节主要是对车辆进行交易合法性初步判定及车况的技术鉴定。首先初步判定该车是否具备交易的合法性，主要是对车主及车辆的各项手续进行判断，然后客观判断这辆车各项功能的技术状态。经验不足的评估师或者不够细心的评估师一旦在这个环节出现失误，将会给企业带来直接的损失。因此，对二手车经营者而言，这是一个控制技术风险的重要环节。

第三步，商谈价格

这是一个非常重要的环节，是否能达成一致，直接决定交易是否能成功。在这个过程中，不一定是完全按照车辆的客观评估价格成交，而是通过双方的商谈决定最终的成交价。可以由评估师通过对车辆进行技术鉴定以后，提出收购价格给车主，也可以由车主提出销售期望价格给评估师，经双方协商，确定最终都认可的成交价格。

本节第二部分将重点讲解如何确定收购价格。

第四步，签订协议

双方一旦对成交价格达成一致后，就进入签订协议阶段，作为保障双方权益的法律文件，许多地区已经采用了政府提供的参考文本。本节第三部分将重点讲解如何签订协议。

第五步，查档刑侦

查档刑侦是由车辆管理部门对车辆的身份进行核实，未能通过的车辆将不允许进行交易，这是保证收购方收购合法车辆最有效的保证。如果交易车辆尚未办理"机动车登记证书"，则需要立即补办，否则将不可以过户，甚至有可能会影响到正常销售。

第六步，支付车款

支付车款可以一次性支付，也可以分多次支付。一般情况下车款是分多次支付的。在签订协议时支付收购定金，查档刑侦完毕以后支付主要车款，但是为了保障原车主在车辆销售出去过户时能及时提供配合（我国部分地区规定，在车辆过户时，还需原车主提供身份证明，否则不予过户），收购方往往会扣留部分车款。同时，由于原车主将车辆交付收购方之前，可能该车辆有交通违章尚未处理，因此，这部分扣留金还可以用于支付该由原车主承担的交通违章等费用。

一次性支付车款风险较大，对于经营者来说必须要有足够的把握才行。有些经营者为了争取客户，防止客户流失，尤其是防止性价比较高的车辆落入竞争对手手中，也会采取这种较为冒险的方式。

第七步，收车入库

收车入库就是双方对车辆进行交接，收购方验收车、验收证件、建档的过程。

双方在进行交接时主要是进行车辆和证件的交接，收购方检查车辆是否与评估时一致，证件是否齐全有效。完成以后，双方还需在交接清单上签字确认，并注明交接时间，以确定双方的责任时间，以免日后产生不必要的责任纠纷。收购方收到车辆以后应及时建立该车档案，为有效管理及迅速进入下一个环节做准备。

二、二手车收购定价

【**案例引入**】于半年前购买的某车，发票上注明的价格是11.58万元，而该车当时的厂家指导价为11.98万元，由此可见是优惠了0.4万元后购买的。而在半年后，厂家和4S店加大了对该车型的优惠幅度，达到1.5万元，目前提车时，发票上所注价格为10.48万元。那么，根据重置成本法中有关重置成本方面的要求，需要将10.48万元作为重置成本评估标准。假使按第一年折旧率15%～20%来计算，该车的收购行情价在8.4万元至8.9万元之间。那么就与该车主原购买价有近3.2万元的差距。试想一下，11万多元购买的新车，使用仅半年，且车况良好，卖车时损失近3.2万元，车主显然是无法接受的。在二手车交易具体环节中，买卖双方都会追求自身利益的最大化，只有交易双方达成一致，在认可价格的基础上才能达成交易。对于上述这辆车，如果二手车经营者想达成交易，就要保证车主的损失不应过大，至少应该在其可以接受的范围之内。因此，比较现实的做法就是依据购车发票上的原始价格，即11.58万元来进行价值评估，评估价范围在9.2万元至9.8万元之间。当然，如果收购价格达到9.8万元，与当前新车优惠后的购买价，即10.48万元过于接近，对二手车经营者来说，必然造成经营风险，所以现实中是采取"折中"的办法，一般会选择9.2万元的价格，或适当再高一些的价格。因为选择"9万出头"这样的收购价，二手车商家再转手时，例如增加0.7万元至0.9万元的利润，销售价也不会超过 10 万元，这让消费者在心理上也可以接受。假如收购价超过 9.5 万元，那么想不超过 10 万元转手，利润最多不会超过 0.5 万元。这样对于二手车经营者而言，利润显然太薄了。但如果转手价超过 10 万元，就与新车售价（即 10.48 万元）非常接近，消费者是很难接受的。

作为建立在经营基础上的二手车收购行为，不仅仅是对车辆进行估价，而且还要站在以盈利为目的的基础上进行，不同的人提出的收购定价是不同的，估价太低，收购不成功，估价太高，没有利润，甚至出现亏损。因此，准确的、具有市场竞争力的收购定价尤为重要。

因此，在二手车市场的实际交易过程，二手车收购定价与二手车鉴定估价是不一样的：

（1）二者估价的主体不同。鉴定估价的主体是独立鉴定评估师，在技术鉴定的基础上，力图公正地反映车辆的客观价值，其结果不能随意改动。收购估价的主体是车市（经销公司）的车辆收购人员（本节中也称为评估师），他是以买者的身份与卖方进行的价格估算和洽谈，根据供求价格规律可以讨价还价、自由定价。

（2）二者估价的目的不同。二手车鉴定估价是受委托人委托，在将要发生的经济行为中给被评估对象提供价值依据，它是以服务为目的的；而收购估价是购买者当事人估算车辆价格，以把握事实真相、心中有数地与卖方讨价还价，它是以经营为目的的。

（3）二者估价的思路和方法不同。二手车鉴定估价要求严格遵守国家颁布的有关评估法规，按特定的目的选择与之相适应的评估标准和方法，具有约束性。收购估价接受国家有关评估法规的指导，根据估价的目的，参照评估的方法进行，具有灵活性。

（4）二者估价的价值概念不同。虽然鉴定估价和收购估价其价值概念都具有交易价值和市场价值的含义，但收购价格受快速变现原则的影响，其价值大大低于"市场价格"。

以市场交易为主的二手车收购定价的思路是：首先在确定收购基准价的基础上，然后根据车辆特点、市场状况以及经营者自身的具体情况等主要影响因素，对收购基准价进行修正和调整，最后还要考虑该交易（收购和销售）过程中会产生的其他各项费用。

下面具体介绍二手车收购定价的思路及方法。

（一）确定收购基准价

在市场交易中，常用的收购基准价计算方式主要有两种：

（1）以现行市价法、重置成本法、成新率计算法的思路与方法确定收购价格，也就是以评估价为收购基准价。

比如，运用重置成本法计算出某二手车的重置新车价为 10 万元，根据使用年限、状况以及技术条件，估定折扣率为 20%，评估价为 8 万元，则该车收购基准价为 8 万元。

或者，市场上同类型类似车辆收购价为 8 万元，经过类比分析，评估价为 8 万元，则确定该车收购基准价为 8 万元。

（2）以销售预期价为基础确定收购价格。其计算公式为：

$$收购基准价 = 销售预期价 - 纯利润期望值 - 经营成本$$

所谓的销售期望价就是评估师对这辆车将来销售时可能成交价格的判断；纯利润期望值就是评估师对这台车收购以后的最低获利期望。这种计算方式的思路是，作为以盈利为目的的收购价,评估师在确定收购基准价时一般都要考虑该二手车将来的销售价可能会是多少,自己收购以后至少的获利将会是多少,收购至销售过程中该车的总成本费用会有多少,从而判断该车多少钱收购合适。

在确定某二手车的收购价格时,应充分考虑收购至销售过程中该车的总成本费用,总成本费用由固定成本费用和变动成本费用之和构成。

①固定成本费用与固定成本费用摊销率。固定成本费用是指在既定的经营目标内,不随收购车辆的变化而变动的成本费用。如分摊在这一经营项目的固定资产的折旧、管理人员的基本工资等项支出。对一个二手车市场或设在市场内的二手车经销(纪)公司而言,经营项目一般就是二手车的买卖,只有一个单一的项目,不存在分摊的问题。在一定的时期内,比如一年,该市场或经销公司的场地租金、设备折旧、人员的固定工资等不随收购车辆的变化而变动的各项费用之和就是总的固定成本费用。假如场地租金是每年6万元,每个月就是5000元,然后根据具体面积测算到每一个车位的租金成本。

固定成本费用摊销率是指单位收购价值所包含的固定成本费用,即总的固定成本费用与收购车辆总价值之比。如某企业根据经营目标,预计某年度收购100万元的车辆价值,总固定成本费用1万元,则单位固定成本费用摊销率为1%。如花费4万元收购一辆旧捷达,则应该将400元计入固定成本费用。

②变动成本费用。变动成本费用指收购车辆随收购价格和其他费用而相应变动的费用。主要包括收购车辆的费用、运输费、保险费、日常保养费、维修费、占用资金的利息等。

如前所述,变动成本费用中包括一定要支出的费用,如购车所支付给原车主的货币费用、日常保养维修费(包括收车后对车辆进行的美容、整容费用)、购车资金占用的利息等;有些是可能会出现的费用,如运输费、保险费等,当这些费用未发生时,就不计入变动成本费用。

由上面的成本分析可知,一辆二手车收购的总成本费用是这辆车应分摊的固定成本费用与变动成本费用之和,用数学式表达为:

$$总成本费用 = 收购价格 \times 固定成本费用摊销率 + 变动成本费用$$

由于一些企业经营成本较高,人员、租金、装修、管理等投入成本较高,对于较低档次、回报率较低的车辆就会放弃收购,只专注经营档次高、回报率高的品牌车型。

例如,评估师通过判断,认为这部2018年底初次登记的正常使用的1.4T速腾手动挡标准版售价预期为9万元(包牌),他希望至少获得纯利润为5000元,据测算,该车如果收购,直至销售将付出成本5000元,那么,对该评估师而言,该车的收购基准价就是8万元。

一般情况下,一辆10万元以内的二手车,从收购到最终交易会在1~2个星期内完成,售价越高销售周期越长,奔驰、宝马的二手车往往会超过一个月。销售周期越长、品牌越少见就越难以准确判断销售期望价。

使用这种方式计算收购基准价对评估师的要求较高,要求评估师具有非常丰富的市场经验,以及熟悉二手车市场销售行情及发展趋势。不同的评估师对销售的预期价判断是不同的,不同的经营者对利润的要求也是不同的,因此,这体现了二手车市场收购定价的不确定性。

不管怎么计算，收购价一定要考虑原车主可接受的范围。因此，在现实的二手车收购业务中，除了参考当前新车的售价作为重置成本价以外，有时也要考虑该车的原始新车价格，以平衡买卖双方的利益。

(二)影响二手车收购定价的主要因素

影响二手车价格的因素很多，主要分为三大类因素：

(1)车辆自身因素。

①品牌知名度和维修服务条件。不同品牌的二手车由于其品牌知名度和售后服务质量的不同，收购价格也会不同。在多数地区的二手车市场中，朗逸、宝来、福克斯、奇骏、轩逸、卡罗拉、宝马320、思域、RAV4等车型一直是交易的主要车型。这些车多年来以良好的质量、品牌知名度、广泛的售后服务网络和维修费用低赢得消费者认同，其二手车收购价格稳定，价值容易评估，风险不大。但是，有些车型市场上较为少见，维修麻烦、配件贵，其二手车的价格就会偏低。

②车身颜色与配置情况。消费者在选购二手车时，是非常注重车身颜色的。例如一汽奥迪生产的奥迪Q5车型，其红色的二手车就远不如蓝色和黑色的二手车容易被客户接受，自然其收购价格也会受到很大的影响，差价甚至达到数万元。

关于配置对车辆收购价的影响主要体现在倒车影像、液晶显示屏、电动座椅等豪华配置上，因为有了这些配置，新车的价格可能就比标准配置贵了2万~3万元，然而其二手车的价格却远远不能达到这样的差价，这主要是因为二手车的消费者们务实的态度是无法接受这样的差价的。同一品牌、同一排量配置不同的两台二手车，在同样的使用情况下，豪华版车型的降价幅度会远大于简装版甚至标准版的车型。

(2)市场状况因素。

①市场宏观环境的变化。二手车收购要注意国家宏观政策、国家和地方法规的变化以及这些影响导致的经济性贬值。如目前国家大力发展新能源汽车，逐渐完善公共充电设备。这对汽车的消费，无论是新车还是二手车，其影响不容忽视。有时，甚至连股市、房价都会对二手车的行情产生不少的影响。

②市场微观环境的变化。这里所说的微观环境主要指新车价格的变动和新车型的上市。新车一旦降价，同品牌的二手车收购价格肯定会下降。

(3)经营者自身的因素。

二手车经营者经常根据库存车辆的多少来调节车辆的收购价，假如某种车型畅销，出现了断档，则经营者会马上提高该车型的收购价以保证库存的稳定；反之，如果某车型出现积压，就要降低收购价以减少库存。有时场地尚有空余，经营者也会提高该车型的收购价增加库存，充分利用销售场地。

(三)二手车收购定价中还需考虑的其他费用

(1)交易费用。

我国相关法律规定，机动车在办理产权变更时是需要交纳一定费用的，城市不一样，所缴纳的费用也不尽相同。绝大多数二手车商们为了方便买二手车的客户，售价中是包含这些交易费用的,因此,在收购定价时,需要考虑交易费用,并将其纳入到收购成本中一并考虑。

(2)营销准备费用。

有经验的二手车商在成功收购一部二手车以后,往往并不会急于将其出售,他会考虑买车的客户对车辆外观以及性能等方面的要求,对车辆进行全面的维护以及表面翻新,甚至会刊登广告,这些费用均是为将来的销售活动做准备的,在收购时则需考虑到。

(3)其他费用。

在一辆二手车的整个经营过程中,二手车商除了要支付车辆收购的货币以外,还要支出停车费、收购支出货币的利息等。车辆滞留在公司的时间越长,收购后需支出的费用则越多。

三、二手车收购合同订立

二手车收购合同是具有法律效力的文本,双方一旦签订,就必须严格执行,因此,在签订二手车收购合同时须认真对待。

为规范二手车交易市场,国家和地方相关部门提出了二手车交易合同范本,示例如下:

福州市旧机动车买卖合同

合同编号:
签订地址:
卖方(以下简称甲方):   住所:
　证件名称及号码: 联系电话:
　代理人: 身份证号码: 联系电话:
买方(以下简称乙方):   住所:
　证件名称及号码: 联系电话:
　代理人: 身份证号码: 联系电话:

根据《中华人民共和国合同法》及其他相关法律、法规的规定和旧机动车现状及交易的实际情况,经甲乙双方协商一致,达成如下协议:
旧机动车基本情况
车主名称:_____;
车牌号码:_____;厂牌型号:_____;
初次登记日期:_____;发动机号:_____;
车架号:_____;
最近一次年检时间:_____;行驶公里数:_____;
车辆使用性质:□客运、□货运、□出租、□租赁、□非营运、□其他、其他状况:
_____

车辆交易约定事项

经法定评估机构评估后,甲乙双方确认的交易车辆价款为人民币_____元,大写_____(不含税费)。付款方式:乙方应于_____年_____月_____日在_____(地点)同甲方当面验收车辆及审核相关文件,无误后,于_____年_____月_____日以(现金、转账)的方式向甲方支付车款的_____%,计_____元;待交易车辆过户转籍手续办理完成,且车辆及其证件交付完毕之日起_____日内,支付交易车辆的所有余款,计人民币_____元,大写:_____。

甲方应在收到第一笔车款之日起_____日内交付车辆及相关证件,并协助乙方办理完车辆过户、转籍手续。相关证件包括:□机动车行驶证□机动车登记证书□车辆购置附加费凭证□税讫证明□车辆年检证明□机动车辆保险单□销售旧机动车委托书□其他证件_____,证件总计_____件。

车辆过户、转籍过程中发生的税、费负担方式为:_____。

双方权利义务

甲方应保证对出卖车辆享有所有权或处置权,且该车符合国家有关可以上路或交易的规定,能够依法办理过户、转籍手续。

甲方保证向乙方提供的相关资料真实有效,对车辆状况的陈述完整、真实,不存在隐瞒或虚假。

_____年_____月_____日之前,该车所产生的所有税金、规费和路面风险、刑事、民事等法律责任由乙方承担。

乙方应按照约定时间、地点与甲方当面验收车辆及审验相关文件,并按照约定支付车款。

甲方收取车款后,应出具收款凭证。

甲方应持有效证件与乙方共同办理车辆过户、转籍手续。

车辆交付后办理过户、转籍过程中,因车辆使用发生的问题由使用者负责处理,并承担相应的法律责任。

违约责任

第三人对本合同所交易的车辆主张权利并有确实证据的,甲方应承担法律责任并赔偿由此给乙方造成的损失。

因甲方原因致使车辆在约定期限内不能办理过户、转籍手续的,乙方有权解除合同,甲方应向乙方返还已付车款并承担由此造成的损失。因乙方原因致使车辆在约定期限内不能办理过户、转籍手续的,甲方有权解除合同,退还已付车款并由乙方承担由此造成的损失。

甲方未按照约定交付车辆或相关证件的,逾期每日按车款总价____%的标准支付违约金给乙方。乙方未按照约定支付剩余车款的,逾期每日按车款总价的____%的标准支付违约金给甲方。

合同争议的解决办法

本合同项下发生的争议,由双方当事人协商或申请_____主持调解解决;协商或调解不成的,按下列第_____种方式解决(以下两种方式只能选择一种):

(一)提交_____仲裁委员会仲裁；(二)依法向有管辖权的人民法院起诉。

其他约定事项

本合同一式叁份，甲方、乙方、相关市场方各持壹份。本合同经双方签订之日起生效。合同生效后，双方对合同内容的变更或补充应采取书面形式并作为本合同的附件。附件与本合同具有同等的法律效力。

甲方签字(盖章)：　　　　　　　　　　　　乙方签字(盖章)：

签订时间：

合同备案签字(盖章)

评估师在填写协议时应注意以下事项：

(1)由于历史原因，许多车辆的实际车主并非行驶证登记的车主，在法律意义上，非行驶证登记的车主本人签署的车辆交易协议是无效的，因此，协议上必须注明相关内容及责任条款。

(2)为控制风险，支付定金时一般1000～2000元即可，支付完毕以后，视交车时间的长短，同时最好能收取车主部分不需随车使用的证件作为履约保证，例如保险单、维修保养手册、车辆购置税完税证明等。

由于在交易过后相当长的时间里都需要车主的配合，因此，为使原车主配合后续工作，收购方一般会要求扣留车主部分车款作为押金。为节省费用及缩短时间，业内的一般操作是，当该车辆销售出去以后再直接过户到新车主名下。由于销售时间的不确定(一般销售周期是15～25天)，导致需原车主配合的具体时间也无法确定，在此必须与原车主解释清楚，并详细讲解后续流程，以免日后产生不必要的纠葛；而且，原车主的违章记录可能没有处理，也需要扣留部分押金。

四、二手车收购技巧

对于经营二手车的车行而言，没有收购就没有销售，就无法产生利润，企业将无法生存，因此，二手车的收购来源就是经营者生存之源，如何拓展收购业务是非常重要的。拓展二手车收购来源以后，有效提高成交率才能真正实现有效收购，因此，在二手车收购经营中，如何拓展业务来源以及如何提高成交率是两个最为重要的环节。

(一)二手车车源主要渠道

(1)店面收购。在合适的区位设置店面非常重要，选址对了，经营也就成功了一半。一般二手车经营者会选择在二手车交易较为集中的区域(集散地)或者是在车辆管理所附近设置店面，俗话说，"店多成市"，在这些地方，有自然的集客能力，不用做广告，车主们都会来到这里咨询或出售其车辆，只是竞争将会比较激烈，收购的车辆价格普遍会偏高。

(2)从4S店等新车销售商处收购车辆。目前许多4S店表面上开展二手车业务，其实并不具备收购能力，由于缺乏相应的专业人才或者销售渠道，他们的目的是新车销售，当二手车收购回来以后，自己并不具备销售条件，没有销售卖场，于是直接转让给二手车市场，由二手车市场的经营者收购后再销售，有的甚至直接让二手车商派人驻点服务，将二手车收购业务转包给二手车商,因此,4S店资源成了许多二手车商的主要车源渠道。从4S店等新车销售商处收购二手车也有许多弊端,虽然车源稳定,但由于受到新车销售政策影响,以及维护与4S店等新车销售商的关系,二手车商们有时不得不需要付出额外的成本,例如公关费用、成交回扣等,有时还得为了促进新车销售而不得不迎合客户,高价收购。

(3)从维修厂收购。维修厂可以说是跟车主们接触最多的地方,也是车主们卖车前都会去的地方,许多车主卖车的原因也就是维修成本高了,才决定卖掉的。许多车主在卖车前都会流露出一些换车信号,比如换件维修时可能偏保守,不急于换和修。还有就是打听和关心新的品牌车辆的相关信息。因此,精明的二手车商也会跟维修厂保持联系,以获得二手车车源。

(4)其他相关企业,例如轮胎店、保险公司等。这些企业在给客户做服务时,也会得到一些信息,如同车主去维修一样,在购买保险时、换轮胎时都会表现出较为保守的态度,不急于买新保险或换新轮胎等,二手车经营者也可以从这些相关企业的服务人员处获得二手车车主信息。

(5)通过网络报纸广告。这种方式成本较高,报纸广告专门有"分类广告"栏目提供宣传,但是,只有争取到较好版面,效果才会好,否则没有意义。另外就是网络渠道,现在有许多的专业二手车网站和APP提供二手车信息,譬如58同城、金鱼塘等,一些新车网站也设立了二手车栏目,收集和发布二手车信息,这些网站通过收集和发布二手车信息给二手车商获得收入。

(6)老客户资源。老客户资源不仅仅是老客户换车,而且还包含老客户周围的客户群体,物以类聚,人以群分,老客户周围的朋友们经济实力大多相仿,因此,挖掘老客户资源也很重要。挖掘历史成交客户资源是许多二手车商业务员长期的工作,将历史成交的客户定期逐一联络一遍,既可关心客户用车情况,解决疑难问题,提高服务形象,也可提醒车主换车或推荐客户,一举两得。

(二)提高成交率的技巧

(1)规范操作,增加诚信度。由于二手车行业发展造成的行业诚信度不高、部分从业人员素质不够高,造成车主们在卖车时总是带着怀疑的心态,导致成交困难。专业的服务形象、规范的操作流程、合适的商业礼仪将有助于消除客户疑虑,从而达到顺利成交的目的。

(2)把握客户心态,有效解决客户疑虑。许多客户卖车时并不一定只关注价格,也会关注车辆交接以后的安全问题、车款的支付问题、手续的复杂程度等,因此,把握客户心态,采取合适的方案,有效解决客户疑虑将有助于提高成交率。

(3)娴熟的鉴定手法、坚定的报价。这样做无非就是告诉车主一个信息:"我是最专业的,价格也绝对是最公道的"。相信任何一个车主都不会去相信一个连引擎盖都不知如何打开的"评估师"报出的价格。报价时的模棱两可会给车主一个信息,那就是,"价格还有很大的商量余地,收购人员在试探我",给人很不诚信的感觉。

(4)准确报价。要做到准确报价就必须非常熟悉每一款车的市场状况,这一点要做到很难,于是,就可以采取两人同行的方式,即两个评估师一同参与接待,一方面,一个评估师在鉴定车辆时,另一个评估师可以同步进行有针对性的价格咨询,以获得相对该车型准确的市场信息，然后提供给鉴定车辆的评估师参考。同时，两人同行也可以最大程度解决车况误判以及私人炒单等经营风险。

(5) 不要刻意压低收购价格。许多二手车收购人员往往会为了压低收购价，甚至为了500元的价差而跟客户进行长时间的纠缠，这些是完全没必要的，因为，这样做即使成交了，客户心里也会有所不满。殊不知获得客户满意、挖掘其周边客户资源将获得更大利益。因此，当价格差距不大时，不要刻意压低收购价格。

(6) 把握客户成交阶段，谨慎报价。客户处于咨询了解阶段与真实想卖车的心态是不一样的，客户不了解二手车行情与基本了解行情确认要成交时对价格的要求也是不一样的。把握客户成交阶段，谨慎报价的技巧非常重要。

(7) 不必追求每一台车最终都能赚钱。希望每一台车都赚钱当然是每一个二手车商的愿望，但是，倘若因此而在收购价格上刻意保守，可以实现"每一台车都赚钱"，但其经营机会却会因此而丧失不少。

五、二手车置换流程

二手车置换从狭义上来说就是以旧换新，这项活动往往由新车经销商来开展，在其各4S店或各级网点进行，通过满足许多车主换车的需求而开展二手车的收购业务，用车主二手车的价值来补足购买新车的价款，并提供便捷的服务，从而促进新车销售。广义的汽车置换，则是指在以旧换新业务的基础上，还同时兼容二手车整备翻新、跟踪服务、二手车再销售乃至银行按揭贷款等项目的一系列业务组合，从而使之成为一种有机独立的营销方式。

品牌二手车的置换业务往往是通过二手车置换授权经销商完成的。

二手车置换的服务程序包括旧车出售和新车购买两个环节。不同的二手车置换授权经销商对汽车置换流程的规定不完全一样。国内一般汽车置换程序有以下两种。

1. 以二手车交易为主导

(1) 顾客通过电话或直接到二手车置换授权经销商处（一般是4S店或二级销售网点）进行咨询，也可以在二手车置换授权经销商的网站进行置换登记。

(2) 对二手车鉴定评估和定价。

(3) 二手车置换授权经销商的新车销售顾问陪同选订新车。

(4) 签订二手车购销协议以及置换协议。

(5) 置换二手车的钱款直接冲抵新车的车款，顾客补足新车差价后，办理提车手续，或由二手车置换授权经销商的销售顾问协助在指定的经销商处提取所订车辆，二手车置换授权经销商提供一条龙服务。

(6) 顾客如需贷款购新车，则置换二手车的钱款作为新车的首付款，二手车置换授权经销商为顾客办理购车贷款手续，提供因汽车消费信贷所产生的资信管理服务，并建立个人资信数据库。

(7) 二手车置换授权经销商办理旧车过户手续，顾客提供必要的协助和材料。

(8) 二手车置换授权经销商为顾客提供全程后续服务。

2. 以新车销售为主导

(1) 顾客通过电话或直接到新车销售店中，由新车销售顾问接待，在介绍新车之后，由新车销售顾问提示客户是否有旧车需要置换。

（2）如果有，将邀请本公司的二手车评估师进行二手车鉴定评估和定价。

（3）新车销售顾问、二手车评估师与客户共同议定价格，确定差价，陪同选订新车。

（4）签订二手车购销协议以及置换协议。

（5）置换二手车的钱款直接冲抵新车的车款，顾客补足新车差价后，办理提车手续，或由二手车置换授权经销商的销售顾问协助在指定的经销商处提取所订车辆，二手车置换授权经销商提供一条龙服务。

（6）顾客如需贷款购新车，则置换二手车的钱款作为新车的首付款，二手车置换授权经销商为顾客办理购车贷款手续，提供因汽车消费信贷所产生的资信管理服务，并建立个人资信数据库。

（7）二手车置换授权经销商办理旧车过户手续，顾客提供必要的协助和材料。

（8）二手车置换授权经销商为顾客提供全程后续服务。

下面以上海通用诚新二手车置换为例来说明二手车置换流程。

【案例引入】上海通用诚新二手车置换步骤

（一）可换车辆、置换方法与形式

1. 可换车辆

上海通用汽车有限公司（简称上海通用汽车）生产的别克（BUICK）品牌和雪佛兰（CHEVROLET）品牌车辆。

2. 置换方法

（1）上海通用汽车品牌车辆置换上海通用汽车品牌新车；

（2）其他品牌车辆（包括进口车辆品牌）置换通用品牌新车。

3. 置换形式

分为置换优惠和非置换优惠两种形式。

（二）二手车置换业务流程

二手车置换业务流程如图5-2所示。

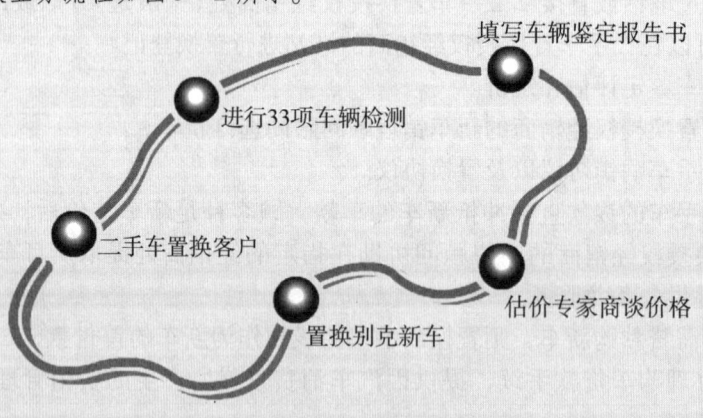

图5-2 二手车置换业务流程图

（1）顾客通过电话或直接到二手车置换授权经销商处（一般是4S店或二级销售网点）进行咨询，也可以在二手车置换授权经销商的网站进行置换登记。

(2) 专业二手车鉴定评估师对车辆进行 33 项免费车辆检测。
(3) 专业二手车鉴定评估师如实填写车辆鉴定报告书。
(4) 评估师提出评估价格，双方协商一致后签订置换协议。
(5) 置换二手车的钱款直接冲抵新车的车款，顾客补足新车差价后，办理提车手续。

如果置换客户符合上海通用汽车置换的优惠条件，后续的工作将还包括置换优惠申请操作。

（三）置换优惠的对象及相应置换的申请文件

上海通用为了推广"诚新二手车"品牌，促进置换业务的发展，鼓励车主积极参与置换，提供了独有的优惠方案：即对不同条件的客户提供延长其所置换的新车保修期的优惠政策。

1. 私车置换

旧车车主与置换后新车车主必须是同一个人或是直系亲属（即包括父子、母子、父女、母女、夫妻、爷孙/孙女等法律规定的直系关系）；如果旁系亲属（亲兄弟、亲姐妹）为置换双方的，要提供户口簿或当地派出所（警署）出示的证明原件扫描件。

申请文件包括：车辆置换表（见表 5-1）、33 项鉴定估价表、置换车主的身份证或户口簿（如直系亲属或亲兄弟、亲姐妹间置换，提供相应法律证明文件）、置换新车购车发票或置换新车登记证、原机动车登记证或行驶证、旧机动车过户证明。

表 5-1　诚新二手车车辆置换表

车 辆 置 换 表		
	卖出旧车相关信息	购进新车相关信息
客户/公司名		
联系地址		
邮政编码		
联系电话		
客户身份证/公司代码		
车辆品牌		
车辆型号/配置号		
车辆牌照		
VIN		
发动机编号		
发动机排量		
变速箱	手/自动	手/自动
行驶里程数		
颜色		
车辆出厂年月		
初次购车日期		

续表 5-1

新车销售/旧车过户发票号码		
新车销售/旧车收购价格		
付款方式	旧车款折价加余款全部用现钞支付	
	旧车款作为首付其余分期付款支付	
	其他支付方式	
旧车卖主签名/日期：	新车买主签名/日期：	

备注：

置换申请

经销商代码：

经销商二手车经理签字：

申请日期：

2. 公车置换

旧车车主与置换后新车车主必须是同一单位。子公司和母公司、分公司和总公司，因法律上具有不相同的法定代表人，不能享有上海通用汽车的置换优惠政策。

申请文件包括：车辆置换表、33 项鉴定估价表、置换车辆的公司的营业执照或组织机构代码证、提供官方的合法证明文件（如置换车辆公司已更名）、置换新车购车发票或置换新车登记证、原机动车登记证或行驶证、旧机动车过户证明。

3. 私人和单位

若置换双方为私人和单位（国营或民营），则私人必须是该公司（国营或民营）的法定代表人才能享有上海通用汽车的置换优惠政策。

申请文件包括：车辆置换表、33 项鉴定估价表、置换一方的营业执照或组织机构代码证、置换一方的身份证或户口簿、置换新车购车发票或新车登记证、原机动车登记证或行驶证、旧机动车过户证明。

（四）标准流程及说明

（1）客户提出置换需求申请。

（2）客户的旧车评估及收购。

（3）二手车部协助置换客户完成新车购买，客户如果符合上海通用汽车（SGM）置换优惠方案的条件，业务助理为客户向 SGM 提出申请，并提供准确的最终用户联系电话和邮寄地址。

（4）SGM 将审批结果通知授权经销商。

第三节 二手车销售

二手车的销售是二手车经营者获取利润的关键环节，其中确定销售价格是决定二手车经营者收入和利润的主要因素，销售速度的快慢、价格的高低直接决定二手车经营者的收入和利润。决定价格是一件十分复杂的事，企业必须根据市场状况、成本及国家方针政策、法规并运用一定的定价方法、技巧和艺术来对其产品制定切实可行的价格政策。本节将详细讲解二手车销售的具体操作方法和技巧。

一、二手车销售流程

二手车销售基本流程如图5-3所示。

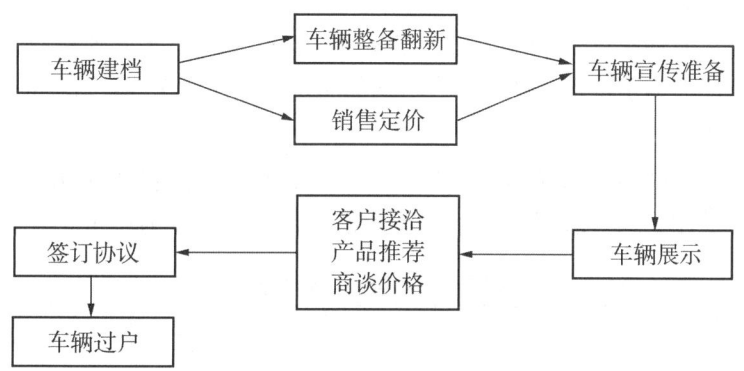

图5-3 二手车销售基本流程

第一步，车辆建档

当车辆收购回来以后，需要立即建立管理档案。建立车辆管理档案有助于对车辆进行有效管理以及为日后分析提供准确资料。档案的主要内容包括车辆的基本信息、车辆位置、车辆费用、销售报价、销售底价、成交价格、新旧车主基本资料等。在这个阶段，销售顾问即可初步介入，开展收集和邀约客户等准备工作。

第二步，车辆整备翻新

对于任何一个买二手车的客户而言，均希望买到一辆漂亮的二手车，因此，二手车的整备翻新对于提升二手车销售价格非常重要。本环节主要包括两部分：一是主要故障的诊断及修复；二是车身外观的翻新美容。本节后面将详细介绍。

第三步，销售定价

销售定价环节非常重要，根据当前二手车销售行规，一般销售定价包括销售报价、销售底价两个价格。本节后面将详细介绍。

第四步，车辆宣传

在车辆翻新以及确定销售报价以后就进入到车辆宣传环节，这个环节包括各媒体展示（主要是图片宣传）、车体包装等。

第五步，车辆展示

车辆在一切准备工作就绪以后，进入到现场展示环节，根据车辆特点确定展示场地及位置。

第六步,客户接洽、产品推荐、商谈价格

车辆推销过程基本包括客户接洽、产品推荐、商谈价格三个小环节,主要是销售顾问进行现场推销的过程。

第七步,签订协议、收取车款

双方一旦对成交价格达成一致后,就进入签订协议阶段。协议作为保障双方权益的法律文件,许多地区已经采用了政府提供的参考文本。

第八步,车辆过户

车辆过户是进行车辆产权的变更过程,在办理完过户以后,进行车辆交接,至此,二手车的销售结束。

二、二手车整备

一般情况下,收购来的车辆或多或少都有些缺陷,因此,为了使车辆能以更好的价格销售出去,同时,为了使销售的车辆有可靠的质量,必须对车辆进行整备维修。

(一)成本控制

对车辆进行维修整备类似于对车辆进行再加工,是一项对回收车辆进行价值提升的过程,如何控制费用、缩短时间在这个环节非常重要。表5-2为单车成本管理表样本。

表5-2 单车成本管理表

库存编号			品牌/车型/颜色	
VIN			出厂年份	
来源			里程数	
收购日期			整修完成日期	
展示日期				
收购成本				
			预计费用	实际费用
整修成本	机械电器			
	钣金油漆			
	饰件			
	整备			
	其他			
	小计			
认证费			其他费用	
成本总计			预计利润	
预定售价			实际利润	
价格调整一			实际利润	
价格调整二			实际利润	
处理价格				

备注:

(二)整备要求与方法

整备除了机电维修以外,主要是对车辆的外观及内饰进行翻新、清洁与装饰,使其达到给客户以"整旧如新"的感觉。整备是个非常细致的工作环节,一般情况下,除了重新需要喷漆的部分以外,仅清洁与美容部分,一部车需要两名专业人员 6~7 h 的时间才能完成。国际上有许多专业生产企业为二手车整备提供专业清洁材料及工具,如美国的 AUTOMAGIC 等。表 5-3 所列出的是车辆整备的基本流程及具体步骤。

表 5-3 车辆整备操作标准

部位	目的	步骤
全车外表	去除粘附车身的柏油及排气油垢	1. 用清水洗净车身外部灰尘; 2. 擦干全车水渍; 3. 喷上去柏油剂; 4. 约 15 min 后以海绵擦拭全车
轮圈	清洁	1. 喷上铝合金轮圈专用清洁液; 2. 等待数分钟之后刷洗干净; 3. 检查胎压是否足够
发动机室	清洁及检查	1. 打开引擎盖,检查各项油品(机油、刹车油、变速箱油、动力方向盘油)以及水箱水、电瓶水、雨刷水等是否足够且干净; 2. 用清洗液加以清洗干净(需注意高压线圈、计算机点火系统及保险丝盒的防水效果); 3. 检查并整理引擎室线路; 4. 检查火花塞导线及各类皮带有否破损
轮辋、门槛和保险杠下方	去除泥垢及检查锈蚀	1. 用高压水管冲洗车轮部分及底盘部分; 2. 用刷子清洗前后叶子板内侧、车胎、轮圈细缝、前后保险杠下方、门槛下方及门框内侧; 3. 查看底盘有否掉漆及锈蚀现象。若有,先刮除锈斑,以砂纸磨过后再同色补漆
全车外表	清洗去柏油剂	1. 以肥皂水洗掉去柏油剂; 2. 用清水将全车外部擦洗一遍; 3. 用抹布将全车由上至下擦干,包括车窗玻璃、保险杠及前后灯罩与后视镜
车厢内部	清洁	1. 拿出车内所有的物品(包括地毯、脚垫、座椅套等),并清洗; 2. 用吸尘器将车厢内部全部吸干净; 3. 有污垢的地方用内饰清洁剂刷洗干净

续表 5-3

部位	目的	步骤
仪表板和中控台	清洁	1. 用吸尘器将仪表板、中控台及座椅吸干净； 2. 用棉花棒沾清洁液清洁各通风口的细缝凹槽； 3. 以内饰专用清洁剂开始清理内饰，顺序为车顶内衬板、仪表板、中控台、门内衬板、座椅、地毯
行李厢	清洁及整理随车工具	1. 清出行李厢内所有物品； 2. 将备胎及行李厢地毯拿出来清洗； 3. 用吸尘器将这些地方仔细吸干净； 4. 喷上清洁液擦洗干净； 5. 将随车工具归位； 6. 检查并整理音响线路及刹车车灯线路
门框	清洁及防水检查	1. 打开车门看车内有无漏水； 2. 清除车门框四周边缘及防水胶条上的水迹、泥垢； 3. 检查门框防水条有无破损，如有破损立即更换； 4. 检查门框边缘有无锈斑，若有，先刮除锈斑，再用砂纸磨过后涂上同色漆
车门下方	清洁及排水检查	1. 检查车门底下是否有泥土及锈蚀； 2. 清除泥土及锈蚀； 3. 检查并确保车门底下的排水孔通畅
车厢内部	上色	1. 内饰上保养液，皮革、塑料、绒布等不同材质需分别处理； 2. 将洗干净的脚垫及座椅套装好
车辆外观	抛光打蜡	1. 以海绵打上一层粗蜡或烤漆白蜡，要以直线方式进行，由车顶、引擎盖、行李厢盖、车身左、右等部位按序处理； 2. 保险杠是黑色塑料材质且无烤漆的，则不要上蜡； 3. 再以海绵打上一层细蜡，方法与上粗蜡相同； 4. 一个地方打完蜡再打下个部分，否则上蜡时间太久抛光时会很累且易留下蜡痕
全车	终检	1. 全车玻璃喷上清洁液后，以干布擦拭干净； 2. 检查车辆内外有无缺损的零件； 3. 查看车身是否有擦伤掉漆，若有，用同色补漆小心修补，涂上几层就可； 4. 用牙刷去除全车细缝及玻璃凹槽内的残留蜡渍； 5. 轮胎喷上轮胎液

三、二手车销售定价

销售定价并不是最终的成交价，是由销售者一厢情愿制定出来的，但最终价格还需要得到消费者的认可才行。出于不同目的，定价也会不一样。绝大多数的销售定价一般是在消费者可接受的范围内追求利润最大化的过程,这个过程非常复杂,没有标准,只有方法,需要定价者具有非常丰富的市场经验。

二手车不同于新车,新车的定价、配置、性能都是一样的,这一台不赚钱,还有下一台可赚。而二手车则不同,每一台二手车的收购过程凝聚了工作人员的汗水和努力以及经营者的投资,收购一台二手车就像播种了一个希望,卖出去就没有了,如果不能获得最好的价格就会很可惜,但是,若存放久了,则会占用资金与场地,而且面临新车降价的风险,使成本很高而变成"鸡肋",甚至导致亏本。因此,确定合适的销售定价非常重要。

为了使定价工作能够有效、顺利地进行,保证定价工作的规范化,我们按以下五个步骤进行,即分析定价因素——确定定价目标——选择定价方法——制定定价策略——确定最终价格。

(一)二手车销售定价应考虑的因素

1. 市场需求

二手车的销售定价首先必须基于市场可接受的基础上,也就是说,必须考虑市场需求,适应市场对该产品的供需变化,能够为购买者所接受;否则,二手车的销售价格便陷于一厢情愿的境地而难以被消费者接受,最终销售不出去。二手车的销售同其他商品一样同样遵守供求价格规律。在本章第二节已有介绍,作为一个有经验的收购人员,在确定收购价格时,首先要考虑的就是将来销售时的可能成交价、销售时的市场行情。

2. 竞争状况

二手车的销售定价要考虑本地区同行业竞争对手的价格状况,根据所在的市场地位和资源条件,确定自己的价格计划,如选择与竞争对手相同的价格,甚至低于竞争对手的价格进行定价。

3. 成本因素

当经营者需要将收购的车辆低价处理等,需要重点考虑成本。成本因素是影响二手车销售价格的基本因素。二手车的销售价格如果不能补偿成本,企业的经营活动就难以继续维持。

以上三个因素的关系是,某种产品的最高价格取决于市场需求,最低价格取决于这种产品的成本费用,在产品最高价格和最低价格的幅度内,企业能把产品价格定多高,则取决于竞争者同种产品的价格水平。

(二)二手车销售定价的目标

二手车销售定价的目标是指二手车经营者通过制订价格水平,凭借价格产生的效用来达到预期目的要求。企业定价目标类型较多,二手车经营者要根据市场环境结合自己的发展规划和资源条件,确立自己的销售定价目标。二手车经营者常见的销售定价目标有以下几种。

1. 追求利润最大化的定价目标

这种定价目标指的是企业希望获得最大限度的销售利润或投资收益,这几乎是所有企业的共同愿望和追求的目标。这种定价目标需对需求和成本有充分的了解,从而制定确保当期利润最大化的价格。

2. 以获取适度利润的定价目标

适度利润目标又称"满意利润目标",是一种使企业经营者和股东(所有者)都感到比较满意、比较适当的利润目标,利润既不太高也不太低。这种定价目标,企业通常是在以下几种情况下采用:①在市场竞争中,为保全自己,减少风险,抛弃高利企图,维持平均利润;②根据企业自身的实力,追求适度的利润水平,比较合情、合理、合法;③难以保证相应利润水平和营销目标的实现时。

3. 以取得预期投资收益的定价目标

预期投资收益目标又称"目标投资利润目标",这种定价目标是指企业确定一定的投资收益率或资金利润率,使产品定价在成本的基础上加入企业预期收益。企业预期销售实现了,预期收益也就实现了。

4. 以保持或扩大市场占有率的定价目标

对于二手车流通企业来说,市场占有率即某企业二手车的销售量或销售额在同行业市场销售量中的比例。市场占有率是企业经营状况和企业竞争力的直接反映。

一个企业只有在市场份额逐渐扩大、销售量逐渐增加、竞争力逐渐增强的情况下,才有可能得到正常发展。这种定价目标,以较长时间的低价策略来保持和扩大市场占有率,增强企业竞争实力,最终获得最优利润。

(三)二手车销售定价的方法

定价方法是企业为实现其定价目的所采用的具体方法,根据企业的定价目标,价格的计算方法有需求导向定价、竞争导向定价、成本导向定价三大类,每一大类中又有许多种具体方法。根据二手车销售的实际,我们选择性地介绍以下几种。

1. 需求导向定价法

这种定价方法又称顾客导向定价法、市场导向定价法。它不是根据产品成本状况来定价,而是根据市场需求状况和消费者对产品的感觉差异来确定价格。其特点是,产品的销售价格随需求的变动而变化。这种方法的指导思想是在消费者可接受的范围内追求利润最大化。

2. 竞争导向定价法

这种定价方法是企业根据自身的竞争力、参考成本和供求情况,将价格定得高于、等于或低于竞争者价格,以实现企业定价目标和总体经营战略目标,谋求企业的生存和发展的一种方法。

3. 成本加成定价法

成本加成定价法是成本导向定价法大类中的一种方法,它是按照单位成本加上一定百分比的加成来制定产品的销售价格,其公式为:

$$二手车销售价格 = 单位完全成本 \times (1 + 成本加成率)$$

采用成本加成法的关键在于确定成本加成率,前面讲过二手车的需求弹性较大,应该把价格定得低一些,加成率宜低,由此薄利多销。若用进货成本来衡量,其中

$$成本加成率 = 毛利(加成)/进货成本$$

单位完全成本是指一辆二手车的总成本费用,它包括这辆车应摊销的固定成本和变动成本之和。

（四）二手车销售定价的策略

二手车销售定价策略是指二手车经营者根据市场中不同变化因素对二手车价格的影响程度采用不同的定价方法，制定出适合市场变化的二手车销售价格，进而实现定价目标的企业营销战术。

在二手车的市场营销中，尽管非价格竞争作用在增长，但价格仍然是影响销售的重要因素。定价是否恰当，不仅直接关系到二手车的销量和企业的利润，而且还关系到企业其他营销策略的制定。营销中定价策略的意义在于有利于挖掘新的市场机会，实现企业的整体目标。在市场经济条件下，价格决策已成为企业经营者面临的具有现实意义的重大决策课题。

1. 阶段定价策略

阶段定价策略就是根据产品寿命周期各阶段不同的市场特征而采用不同的定价目标和对策。投入期以打开市场为主，成长期以获取目标利润为主，成熟期以保持市场份额、利润总量最大为主，衰退期以回笼资金为主。另外还要兼顾不同时期的市场行情，相应修改销售价格。

2. 心理定价策略

不同的消费者有不同的消费心理，有的注重经济实惠、物美价廉，有的注重名牌产品，有的注重产品的文化情感含量，有的追赶消费潮流。心理定价策略就是在补偿成本的基础上，按不同的需求心理确定价格水平和变价幅度。如尾数定价策略就是企业针对消费者的求廉心理，在二手车定价时有意定一个与整数有一定差额的价格。这是一种具有强烈刺激作用的心理定价策略。价格尾数的微小差别，能够明显影响消费者的购买行为，会给消费者一种经过精确计算的、最低价格的心理感觉，如某品牌的二手车按定价方法算出的价格是 100 000 元，但标价 99 800 元，这就是一种策略。

3. 折扣定价策略

二手车流通企业在市场营销活动中，一般按照确定的目录价格或标价出售商品。但随着企业内外部环境的变化，为了促进销售者更多地销售和顾客更多地购买本企业的产品，往往根据交易数量、付款方式等条件的不同，在价格上给销售者和顾客一定的减让，这种生产者给销售者或消费者一定程度的价格减让就是折扣。灵活运用价格折扣策略，可以鼓励需求、刺激购买，有利于企业搞活经营，提高经济效益。目前多数经营者多采用这个策略，往往会适度抬高进行报价。

4. 市场反馈定价策略

众所周知，二手车一车一价，但是，类似车辆的价格彼此间是具有可参考性的。某一辆二手车到底能卖多少钱，相信没有一个经销商在该车辆卖出去之前能完全准确地预测，因此，有的二手车商采取市场反馈定价策略，就是先标一个相对较高的价格，根据消费者还价的情况再适度调整售价和最终成交价。

5. 成交定价策略

这是一种根据既有的成交价调整下一台车销售定价的策略。一般情况下，当车辆定价以后两三天内马上就卖出去了，说明定价可能偏低了，倘若放了相当长的时间后仍未成交，则说明定价可能高了。一般来说，5 万元以内常见车型的二手车 1 周左右为其合理的销售周期，10 万左右的二手车 2 周左右为其合理的销售周期，20 万以上则要 3 周左右。

一般情况，价格越贵、品牌越"冷门"则销售周期就会越长。如果某品牌二手车的销售时间基本接近正常的销售周期，那么该品牌二手车的销售定价就比较合理，倘若高于或低于正常的销售周期则就要好好总结定价中可能出现的问题，以便在下一次同品牌类似车辆定价时做适当的调整。

四、二手车金融

汽车金融是以汽车主机厂为核心，向产业的上游和下游，直至终端消费者，所衍生出来的针对公司、个人、政府、汽车经营者等主体的各类相关金融产品，汽车金融产品的主要提供者包括商业银行、专业汽车金融公司、保险公司、租赁公司等金融机构或相关机构。根据汽车金融提供者不同，发展出多种不同的汽车金融服务模式。

(一)C2C综合服务平台模式

C2C综合服务平台模式是通过为二手车个人卖家和买家搭建二手车交易平台，在为买卖双方提供交易信息的同时，提供包括二手车交易服务以及金融服务在内的综合服务。C2C综合服务平台模式的特点主要有：

(1)作为汽车综合服务平台，C2C模式链接了车主和汽车服务人员(如车险从业人员、汽修技术员等)，打破了传统的车主与商家模式，从车主——商家(老板)——技术服务人员调整为车主——技术服务人员，整个过程更加开放透明，同时能让车主和技术服务人员双双受益：前者获得价格优惠、服务加倍的享受，后者工作自由、收入更多。

(2)在二手车金融服务这块，C2C模式省去了不必要的车险购买中介环节及成本，同时还能通过平台代办服务功能享受更多的快捷便利服务。对于车主们来说，车险理赔、车辆年审等业务太过繁琐，交由代办服务专职人员代办既省时又省力。

(二)汽车电商模式

以汽车之家、易车网为代表的媒体汽车电商平台通过与汽车金融公司合作，率先推出了各种金融服务，如汽车之家推出了分期购车，易车网则推出了买新车贷款、各种汽车保险、理财产品等。与此同时，各类二手车交易平台也在开始布局互联网金融，比如通过金融切入二手车电商的平安好车、优信，人人车、车猫网也推出了金融服务。汽车电商模式的主要特点有：

(1)从用户需求的角度来看，作为新车和二手车的交易平台，通过线上购车的用户当中有相当一部分用户会有贷款的需求，尤其是一些经济实力并不是特别强的年轻人，汽车贷款和分期付款的需求相当强。交易平台通过贷款、分期付款一方面能够拉动汽车的销售，另一方面也能够借此抢占整个汽车金融市场，推出各种汽车理财产品。此外，与保险公司合作推出汽车保险也顺其自然，并能提升用户购车体验。

(2)从流量入口的角度来看，懂车帝、汽车之家作为国内两大汽车媒体平台，聚集了大量的汽车爱好者用户，具有明显的入口优势。这些平台凭借着电商运营积累了大量忠实用户和有效数据，其中新车用户数据占比非常大，与他们合作的金融公司能够凭借专业的数据分析及线上风险评估工具，有效地将专车购车群体从平台庞大的数据库中筛选出来，为这类用户群体提供更便捷的购车服务。

(3)从申请汽车贷款的速度和审核条件来看，这类平台往往都不用受到户籍限制，也不需要不动产抵押，从申请到放款的速度会比较快，而且分期还款的时间也会比较长。过去汽车金融在国内的发展速度一直比较缓慢，最主要的一个原因就是因为汽车贷款的审核速度慢且获准的门槛比较高，银行办理时间长。而这类平台所推出的互联网汽车金融对于很多消费者来说，大大提升了用户体验。

（三）汽车厂商模式

汽车厂商们推出金融由来已久，其目的和电商平台一致，希望通过金融车贷来吸引消费者购车，丰田、大众、上海通用等汽车厂商纷纷推出了汽车贷款、分期付款、保险等各项金融服务，如今他们通过线上线下相结合的方式来推广自己的金融服务。汽车厂商金融模式优势明显：

（1）对于汽车金融公司来说，消费者不仅通过4S店直接申请办理，而且在厂商的线上官网也能够线上申请。对于汽车厂商来说，消费者的交易最终是要线下进行，通过4S店，消费者能够直接面对面接触到汽车销售人员，往往这个时候选择保险、贷款服务都会直接发生在店里，也就是说汽车厂家所推出的金融服务更容易得到消费者的认可和接受。

（2）相对银行贷款而言，汽车厂商推出的金融贷款对于户口、房产等硬性条件都没有过多要求，而且车贷方式也相对比较灵活，买车用户可以通过多种方式来付款。此外，汽车厂商的金融公司相对更容易申请到较长还款期，通常为3年左右，在一定程度上减轻车主的还款压力。

（3）汽车厂家通过多年的运作，他们已经积累了大量的忠实品牌客户，有了这个庞大的用户基础，他们进一步向这些用户推出各种金融理财服务也更容易被这些车主们所接受。而汽车厂家推出分期付款、贷款等各种金融服务同样也能拉动厂家汽车的消费。

从目前来说，汽车厂家所推出的金融服务在体量上仅次于传统银行，但是在互联网时代下他们却很难成为主流。

（四）巨头综合模式

对于汽车金融这个后市场最大的"肥肉"，互联网巨头们也不可能会轻易放过。阿里与50多家汽车企业达成合作，为雪铁龙、日产、别克、力帆等车型提供贷款服务。百度则通过推出百度汽车平台，与各大银行、P2P理财平台等达成了贷款保险等业务方面的合作。而腾讯、京东入股易车网，也开始了汽车金融的布局，其腾讯理财通此前就与一汽大众奥迪展开过品牌跨界合作，推出"奥迪A3，购车即理财"的活动。巨头们切入汽车金融市场，具有以下比较明显的优势：

（1）从流量和入口的角度来看，阿里巴巴有天猫、淘宝、支付宝，百度PC端有百度搜索、移动端有手机百度，腾讯有微信，京东也有京东商城等强大的入口。不得不承认，巨头们的这个优势是其他任何平台都无法比拟的，巨头们无论是布局新车和二手车交易，还是通过各种合作来推出相关汽车金融服务，相比于其他平台，更容易获取银行、汽车厂商的直接合作。

（2）不管是从品牌影响力上来说，还是从资金实力上来说，巨头们都更容易获得用户的信任，他们在金融的风控能力上也更强。金融毕竟不同于其他理财产品，用户自然更愿意选择更加可靠与信任的平台来为自己服务。随着监管细则的到来，央行对于金融理财平台的注册资金也会有一定的要求,未来很多实力比较弱小的平台将面临倒闭风险。

(3)巨头们在大数据挖掘上具有非常明显的优势。通过对用户的金融数据进行挖掘进而深入分析该用户,能够很好地预估出该理财用户的资金实力、个人信用度,这个对于金融平台的发展来说至关重要。与此同时,对于资金和数据安全的保护能力,也是巨头们相对于传统企业和其他平台的优势。

对于巨头们来说,把触角伸到任何一个角落虽都会有其他平台不具备的优势,但并不一定就代表着巨头们能把这件事情做好,对于汽车金融也同样。

(五)经销商模式

4S店是汽车厂商的直接代理商,一般在一个城市就一家4S店或者几家4S店,4S店往往由厂商直接掌控。汽车经销商一般是4S店的二级代理商(虽然是二级代理商,但是其汽车销售价格并不见得比4S店贵,有的甚至还便宜),可以代理多个品牌,也可以销售二手车。一些实力比较强的连锁汽车经销商就会针对消费者推出自己的分期付款业务、保险业务等,有的也推出自己的线上电商金融平台。它具有以下的优势:

(1)相比传统银行而言,汽车厂商推出的金融公司甚至还可以灵活地采取旧车置换抵首付的方式,这种方式对于很多想要以旧换新的车主来说可谓是省了不少力气。二手车车主只需要把旧车置换给新车经销商,就可以冲抵首付款换取新车,免除了对二手车市场不能及时过户的一些担忧。

(2)尽管目前很多消费者买车都会选择线上交易平台进行预订车,但是最终的交易还是要通过线下来完成,而这当中则有很大一部分的消费者会选择到经销商的店里购买。在店里购车,从而在该店直接选择保险、分期付款等汽车金融服务也是非常自然的,这一点和汽车厂家在4S店推出的金融服务具有同等的优势。

(3)相比银行的汽车贷款来说,汽车经销商的分期付款金融服务会比较容易申请,申请条件也相对比较简单,这一点对于前来购车的用户吸引力比较大。同时汽车经销商也会通过与其他汽车金融公司、保险公司达成合作来为消费者提供汽车金融服务,并进行分成,获取更多的利润。

五、二手车销售及合同订立

销售环节是二手车交易中实现价值的环节,在这个环节必须注意车辆包装、展示、价值点挖掘、价格策略、谈判技巧等方面,在此不详细介绍具体内容及技巧,只介绍整个操作的一般过程。

1. 销售准备

当车辆维修整备时,将会确定销售价格,其中包括报价以及成交底价,以及该车附件(证件、保险、加装配置等)情况;当车辆维修整备完毕后,将被放进卖场,由销售经理对车辆整备进行验收;正式开始销售前,需进行销售包装:价格牌、基本信息表、挡车牌、特殊车辆特殊包装(例如女性车放公仔、越野车贴车贴等);一切就绪后,将车辆放在指定位置开始展示销售。

2. 销售展示

一般情况下,由于消费者购买车辆时往往是根据自己的购买力来确定购买的车辆,因此,必须将卖场进行价格分区,即价格相近的车辆摆放在一起。统计历史客户动线,并设计规划客户新动线（即客户流动曲线），然后根据客户动线调整规划车辆摆放。需注意的是，车辆定期必须变动一下摆放位置，以便给客户带来常变常新、生意旺盛的感觉。销售人员必须随时清洁车辆表面灰尘以及看车客户遗留下来的物品。

3. 销售谈判

在这里只是根据实践，介绍一下二手车销售与其他商品销售或新车销售的不同之处，以便把握谈判要点。首先，二手车车况的不确定性决定销售顾问在向客户介绍时，不可能保证其质量完全没问题，即使该车辆已经检测维修过；其二，二手车只有一台（每一台二手车都不一样），因此，当不同的客户对同一台车关注并应价时，就需要销售人员彼此间多沟通协作，同时实施价格管制；其三，一般情况下，同一卖场里若同时有几辆同品牌近型号的车，往往最先卖出去的是车况最好价格最高的车，因此，卖场里不能同时摆放过多同品牌近型号的车，而且，车况最好的车成交价格可适度提高；其四，由于过户流程较复杂，且部分环节需要原车主配合，特别是关于保险及车辆加装部分，必须进行特别说明，例如：保险更名必须等到正式行驶证出来以后，此前出险保险公司可能会拒赔，另外，加装的太阳膜以及大包围尾翼等过户时必须拆除，因此，当车辆销售出去并收到客户全部款项以后，必须向客户详细讲解过户流程及相关注意事项，希望得到新车主的理解和支持，以免日后出现不必要的纠葛。

4. 合同签署

为规范二手车交易市场，国家和地方相关部门提出了二手车交易合同范本，在二手车收购和销售时使用，应按前述的二手车收购要求规范进行。

六、二手车销售技巧

世界上没有两台一模一样的二手车，即使是同一台车，不同的经销商经营，其结果也会截然不同。由此可见，二手车销售经营技巧非常重要。

在介绍二手车销售经营技巧之前，首先确认一个事实，那就是买二手车的人绝对不是只贪图便宜的人。事实证明，在我国现阶段的部分二手车消费人群中，同一品牌的两款车，由于信息的不对称，价格低廉的二手车往往会被认为质量差，导致销售速度慢，反而，车况好成色新的二手车，即使价格偏高，反而销售速度会较快。究其原因，就只有一个核心问题："信任"。因此，要想经营好二手车并不难，只要经营好"信任"这两个字就可以了。经营"信任"可以从以下几个方面出发：

（1）"表面上"让客户信任。所谓的"表面上"让客户信任就是指让客户在购买的感官上感觉到值得信任，这主要体现在展场的装修要干净整洁，车辆包装漂亮、展示人性化、定价合理、接洽人员素质高等方面。

（2）真正满足客户的需求。了解客户的需求是销售技巧中最为重要的环节，以客户为导向，推荐合适的车辆就会获得更高的回报。不难想象，客户买车时若感觉上并不满意，自然就会希望在价格上获得平衡，但如果对车辆很满意，自然也就会对价格要求不高了。

（3）车辆让客户信任。二手车的消费者永远是带着一种怀疑的眼光来检查每一台中意的二手车的，因此，在车辆收购以后要对车辆进行全面而细致的检查工作，尤其是一些事故车辆，对企业声誉有极大损害作用，隐瞒事故绝不是一个有眼光的二手车商所为。

反而，负责任的二手车商会打出口号，绝不经营事故车，以打消客户疑虑。提供认证、保修等服务措施也就是为了使"车辆让客户信任"。

(4) 经营理念就是"诚信"。当一个企业的经营理念就是"诚信"，那么，其所作出的任何经营决策都将基于此。刚开始，由于市场的不规范，从业人员素质参差不齐，欺骗消费者的行为时有发生，可能会面临"劣币驱逐良币"的尴尬被动局面，但时间久了，企业的诚信自然会被消费者所接受，而且会越做越好。希望我国的二手车从业人员都能做到真正的"诚信"，那么，我们国家的二手车行业就会健康而快速地发展。

第四节　二手车拍卖

二手车拍卖是指二手车拍卖企业以公开竞价的形式将客户委托的二手车转让给最高应价者的经营活动。

目前，二手车拍卖的方式是许多国家普遍采用的一种交易方式，拍卖过程公开、公正、公平，较其他的交易形式，二手车拍卖最突出的特点就是成交快、交易成本低、节省人力、成交价最贴近市场真实价格。在美国、日本等发达国家，大多数二手车交易都是通过拍卖的方式完成的，比如在日本，分布在全国的六七个二手车拍卖场，每周大约要组织十几场拍卖会，每个拍卖场每天大约要向本国及东南亚市场拍卖一万多辆二手车。这些拍卖的车辆不仅有二手车经纪公司的二手车，也有车主委托交易的二手车。在我国，整个二手车拍卖行业成交量较低，特别是针对个人二手车主，但是，二手车拍卖独有的特点决定了其未来潜力巨大。

一、拍卖概述

(一) 有关拍卖的几个概念

(1) 拍卖：是指以公开竞价的形式，将特定物品或者财产权利转让给最高应价者的买卖方式。

(2) 委托人：是指委托拍卖人拍卖物品或者财产权利的公民、法人或者其他组织。

(3) 拍卖人：是指依照《中华人民共和国拍卖法》和《中华人民共和国公司法》设立的从事拍卖活动的企业法人——拍卖人即拍卖公司。其在法律关系中的地位是受委托人。其行为应符合《合同法》和《拍卖法》的规则。

(4) 竞买人：是指参加竞购标的的公民、法人或者其他组织。法律、行政法规对拍卖标的的买卖条件有规定，竞买人应当具备规定的条件，竞买人可以自行参加竞买，也可以委托其代理人参加竞买。竞买人有权了解拍卖标的的瑕疵，有权查验拍卖标的和查阅有关拍卖资料。竞买人一经应价，不得撤回，当其他竞买人有更高应价时，其应价即丧失约束力。竞买人之间、竞买人与拍卖人之间不得恶意串通，损害他人利益。

(5) 买受人：是指以最高应价购得拍卖标的的竞买人。买受人应当按照约定支付拍卖标的的价款，未按照约定支付价款的，应当承担违约责任。买受人未能按照约定取得拍卖标的的，有权要求拍卖人或者委托人承担违约责任。买受人未按照约定受领拍卖标的的，应当支付由此产生的保管费用。

(6)底价：也称拍卖标的的底价，指出售拍卖标的最低价格，如果应价低于这一价格则拍卖标的不予出售。底价应当由委托人提出。

(7)起拍价：是指拍卖时就某一标的开始拍卖时第一次报出的价格。起拍价可能低于底价，可以等于底价，也可以高出底价，因此底价与起拍价二者属于两种不同的价格现象。

(二)参加拍卖各方当事人的权利和义务

1. 拍卖人权利和义务

(1)拍卖人的权利。

①拍卖人有权要求委托人说明拍卖标的的来源和瑕疵。

②委托人、买受人可以与拍卖人约定佣金的比例。未作约定时，拍卖成交的，拍卖人可以向委托人、买受人各收取不超过拍卖成交价5%的佣金。

(2)拍卖人的义务。

①拍卖人应当向竞买人说明拍卖标的的瑕疵。

②拍卖人对委托人交付拍卖的物品负有保管义务。

③拍卖人接受委托后，未经委托人同意，不得委托其他拍卖人拍卖。

④委托人、买受人要求对其身份保密的，拍卖人应当为其保密。

⑤拍卖人及其工作人员不得以竞买人的身份参与自己组织的拍卖活动，并不得委托他人代为竞买。

⑥拍卖人不得在自己组织的拍卖活动中拍卖自己的物品或者财产权利。

⑦拍卖人应于拍卖日7日前发布公告。拍卖人应在拍卖前展示拍卖车辆，并在车辆显著位置张贴拍卖车辆信息。车辆的展示时间不得少于2天。

⑧拍卖成交后，买受人和拍卖人应签署《二手车拍卖成交确认书》。

⑨拍卖成交后，拍卖人应当按照约定向委托人交付拍卖标的的价款，并按照约定将拍卖标的移交给买受人。

2. 委托人权利和义务

(1)委托人的权利。

①委托人可以自行办理委托拍卖手续，也可以由其代理人代为办理委托拍卖手续。

②委托人有权确定拍卖标的的底价并要求拍卖人保密。

(2)委托人的义务。

①委托人委托拍卖物品或者财产权利，应当提供身份证明和拍卖人要求提供的拍卖标的的所有权证明，或者依法可以处分拍卖标的的证明及其他资料。

②委托人应当向拍卖人说明拍卖标的的来源和瑕疵。

③委托人撤回拍卖标的的，应当向拍卖人支付约定的费用；未作约定的，应当向拍卖人支付为拍卖支出的合理费用。

④委托人不得参与竞买，也不得委托他人代为竞买。

⑤按照约定由委托人移交拍卖标的的,拍卖成交后,委托人应当将拍卖标的移交给买受人。

3. 竞买人权利和义务

(1)竞买人的权利。

①竞买人可以自行参加竞买,也可以委托其代理人参加竞买。

②竞买人有权了解拍卖标的的瑕疵,有权查验拍卖标的和查阅有关拍卖资料。

(2)竞买人的义务。

①法律、行政法规对拍卖标的的买卖条件有规定的,竞买人应当具备规定的条件。

②竞买人一经应价,不得撤回,当其他竞买人有更高应价时,其应价即丧失约束力。

③拍卖成交后,买受人和拍卖人应当签署成交确认书。

④竞买人之间、竞买人与拍卖人之间不得恶意串通,损害他人利益。

4. 买受人权利和义务

(1)买受人的权利。

①买受人未能按照约定取得拍卖标的的,有权要求拍卖人或者委托人承担违约责任。

②其他权利与竞买人的权利相同。

(2)买受人的义务。

①买受人应当按照约定支付拍卖标的的价款;未按照约定支付价款的,应当承担违约责任,或者由拍卖人征得委托人的同意,将拍卖标的再行拍卖。拍卖标的再行拍卖的,原买受人应当支付第一次拍卖中其本人及委托人应当支付的佣金。再行拍卖的价款低于原拍卖价款的,原买受人应当补足差额。

②买受人未按照约定受领拍卖标的的,应当支付由此产生的保管费用。

二、二手车拍卖流程

(一)二手车拍卖相关政策

二手车拍卖所涉及的主要法律法规有《二手车流通管理办法》《二手车交易规范》《中华人民共和国拍卖法》和《拍卖管理办法》等。二手车拍卖应在符合上述一系列法律法规的前提下进行。

(1)《二手车流通管理办法》规定下列车辆禁止经销、买卖、拍卖和经纪:已报废或者达到国家强制报废标准的车辆;在抵押期间或者未经海关批准交易的海关监管车辆;在人民法院、人民检察院、行政执法部门依法查封、扣押期间的车辆;通过盗窃、抢劫、诈骗等违法犯罪手段获得的车辆;发动机号码、车辆识别代号或者车架号码与登记号码不相符,或者有凿改迹象的车辆;走私、非法拼(组)装的车辆;不具有第二十二条所列证明、凭证的车辆;在本行政辖区以外的公安机关交通管理部门注册登记的车辆;国家法律、行政法规禁止经营的车辆。

(2)《二手车流通管理办法》规定二手车经销企业销售、拍卖二手车时,应当按规定向买方开具税务机关监制的统一发票。

(二)二手车拍卖规则

对于二手车拍卖,没有统一的标准,但是为了规范拍卖行为,维护拍卖秩序,保护在拍卖活动中各方当事人的合法权益，使拍卖顺利进行，二手车拍卖要严格按照《拍卖法》及国家的相关政策、法律法规的指导进行。

在拍卖规则中应包含下列内容：

①拍卖人；

②拍卖日期与场所；

③拍卖标的及底价；

④拍卖标的的展示时间及场所；

⑤竞买人权利和义务；

⑥保证金交纳约定；

⑦拍卖方式；

⑧买受人的权利和义务；

⑨拍卖标的清点移交；

⑩违约责任；

⑪其他。

（三）二手车拍卖所需资料

《二手车交易规范》第二十九条规定，委托拍卖时，委托人应提供身份证明、车辆所有权或处置权证明及其他相关材料。具体材料如下：

（1）二手车委托拍卖所需材料：车辆行驶证、购置证、车船税证、车辆所有人证件（私人为身份证、户口本，企事业单位为企业代码证）。

（2）二手车参加竞买所需材料：竞买人身份证明（私人为身份证，企事业单位为企事业单位代码证书）和保证金（按每次拍卖会规定的标准交付）。拍卖人接受委托的，应与委托人签订委托拍卖合同。

《二手车交易规范》规定，委托人应提供车辆的真实技术状况，若对车辆技术状况存在异议，双方经商定可委托第三方鉴定机构对车辆技术状况进行鉴定。

（四）二手车拍卖业务流程

图5-4与图5-5分别为二手车拍卖委托流程及竞拍流程。

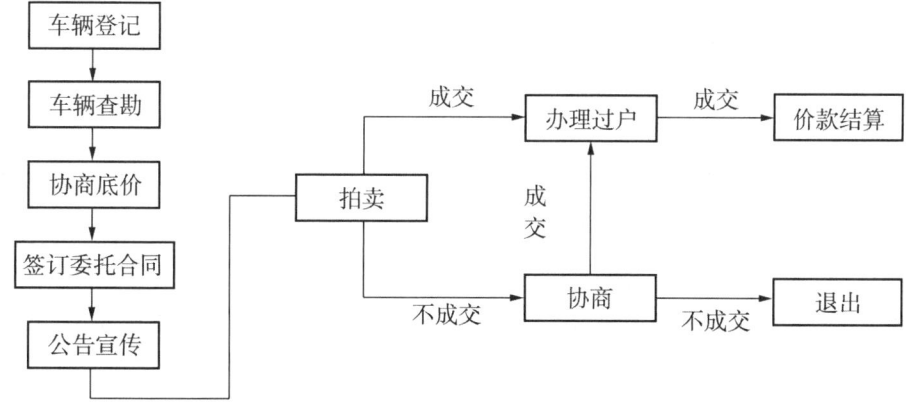

图5-4 二手车拍卖委托流程

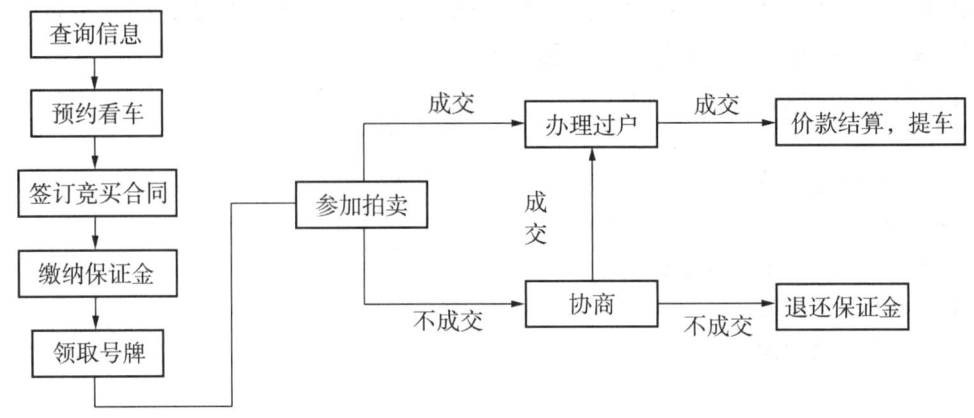

图 5-5 二手车拍卖竞买流程

下面介绍二手车拍卖公司的操作流程。

1. 接受委托

(1) 审查车辆来源的合法性。

对委托拍卖车辆的行驶证、产权证、销售发票、企业代码或身份证等有关证件资料进行真伪鉴别,并对这些证件资料逐一登记,填写《拍卖车辆信息表》,以便进一步核实。

(2) 审查车辆的处置权。

在接受委托拍卖前,必须对车辆的处置权进行审核,审查委托人是否对委托拍卖的机动车具有处理权。

(3) 审查车辆的手续、证照及缴纳的各种税费是否齐全。

对委托拍卖车辆的各种手续要审查是否齐备,特别是进口车和罚没车要审查是否带有海关进口证明书、商检局检验证书、罚没证明、法院的有关裁决书及有关批文等;另外还要检查车辆的附加费、保险等是否齐全;落实要取得行驶权需要办理哪些手续、缴纳哪些税费以及税费数额。

(4) 对车辆进行静态和动态检查。

对委托拍卖的车辆进行详细的静态和动态检查,并对每项检查做好登记记录,填写《车辆情况表》,主管人员要签字审核。

(5) 确定委托底价(即拍卖底价)。

在对车辆手续和车辆检查完毕及确定符合拍卖条件后,由评估师、拍卖师和委托人三方根据当前市场行情确定拍卖底价,但是底价不作为成交价。

2. 签订《机动车委托拍卖合同》

检查工作完成后,拍卖人如果决定接受委托人的拍卖委托,应与委托人签署《机动车委托拍卖合同》,一式两份。

机动车委托拍卖合同

合同编号：

委托人(甲方)：

拍卖人(乙方)：

根据《中华人民共和国合同法》《中华人民共和国拍卖法》和其他有关规定，经甲乙双方协商一致，就拍卖下列车辆达成如下协议：

第一条：委托拍卖车辆的基本信息。

序号	车牌号码	所有人	品牌型号	发动机号码	车辆识别代号	拍卖底价(RMB 元)	备 注
1							
2							
3							
4							
5							

第二条：为促成车辆成交，根据现场竞价情况，甲方同意将拍卖底价下调_____元或_____%。

第三条：处分权。甲方保证对委托拍卖车辆拥有100%的所有权或处分权，向乙方提供的有关证明材料完全真实、合法、有效。

第四条：现状、评估。甲方保证上述表中所填写的车辆基本信息完全真实，不存在未明示的重大问题，并同意乙方免费进行车况检测。

第五条：价格。乙方不得以低于拍卖底价的价格拍卖成交，但事先征得甲方同意的除外，双方均不得将底价向外泄露。

第六条：佣金、佣金率。若拍卖车辆成交，甲方同意按拍卖成交价的____%向乙方支付佣金，由乙方从代收拍卖款中予以扣除。

第七条：拍卖方式为有声增价拍卖。

第八条：乙方承诺在____年____月____日之前在_____举行拍卖会。

第九条：乙方协助双方办理车辆过户，并按以下标准向甲方收取过户费(含过户税费)：

成交价(人民币：P 万元)	$P < 10$	$10 \leq P < 20$	$20 \leq P < 50$	$50 \leq P$
过户费(人民币：元)				

第十条：在车管部门出具《行驶证待办凭证》当天，甲方同意乙方与买受人办理车辆交接手续。在车管部门出具《行驶证待办凭证》后的第4～5个工作日，乙方将拍卖款扣除佣金和其他约定费用后以转账方式支付给甲方。

第十一条：相关责任。

（一）甲方应于_____年___月___日之前将上述拍卖车辆交付给乙方，交付地点为_____，因甲方延期交付车辆而影响乙方拍卖的，甲方承担乙方因此而发生的一切费用。

（二）在合同生效之后拍卖开始之前，甲方撤回拍卖车辆，应征得乙方同意，并承担乙方因此实际支付的一切费用；无故撤回委托拍卖车辆，应向乙方支付拍卖车辆底价5%的违约金。甲方保证不参与同时也不委托他人代为参与竞买自己委托的拍卖车辆。

（三）车辆在保管期间损坏的，乙方应根据损坏程度予以赔偿；车辆在保管期间灭失的，乙方应按车辆拍卖底价赔偿。

（四）因甲方或车辆本身原因造成不能过户，甲方除无条件接受买受人退回的车辆并全额退还拍卖款给乙方外，还应向乙方支付拍卖底价5%的佣金（最低1500元）和评估、拍卖、过户过程中所发生的一切费用。

（五）与该车有关的一切法律纠纷、交通事故、交通违章处罚、债务等民事或刑事责任，在交车之前发生的，由甲方负责。

（六）甲方委托拍卖法律法规禁止拍卖、没有处置权和依法不得处分的车辆，应赔偿乙方因此所造成的损失；甲方对已知的拍卖车辆瑕疵未加说明的，应赔偿乙方因此所造成的损失；甲方要求保密的，乙方应予以保密。

（七）拍卖成交后3个工作日内，甲方应按照车管部门的要求向买受人提供该车过户所需要的全部证件、资料并积极配合车辆过户工作。合同期内拍卖车辆没有成交，甲方在拍卖后2天内无条件收回车辆，双方互不承担责任。逾期收回车辆，乙方不承担被盗、损坏等任何责任。

第十二条：本合同未约定事宜或因本合同发生的纠纷，由双方协商解决，协商不成，双方同意向_____市_____人民法院起诉。

第十三条：本合同一式两份，甲乙双方各执壹份，自双方签字盖章之日起生效，由双方共同遵守。

第十四条：其他约定事项：

甲方签字(盖章)：　　　　　　　　　　　　乙方(盖章)：
代理人签字：　　　　　　　　　　　　　　代理人签字：
联系电话：　　　　　　　　　　　　　　　联系电话：
传真号码：　　　　　　　　　　　　　　　传真号码：
合同签订日期：　　　　年　　　月　　　日

3. 机动车拍卖公告的发布

《二手车交易规范》第三十一条规定，拍卖人应于拍卖日 7 日前发布公告。拍卖公告应通过报纸或者其他新闻媒体发布，并载明下列事项：

①拍卖的时间、地点；

②拍卖的车型及数量；

③车辆的展示时间、地点；

④参加拍卖会办理竞买的手续；

⑤需要公告的其他事项，如号牌号码、初次登记时间、拍卖咨询电话和联系人等，并详细告之。

4. 车辆展示

在机动车拍卖前必须进行至少 2 日的公开展示，并在车辆显著位置张贴拍卖车辆信息。在展示期间必须要有专业人员在现场进行解答，并做好宣传工作。

如有意参加拍卖会，经审核符合竞买人要求的，则必须提前办理入场手续，如交验竞买人的个人资料，填写竞买登记表，缴纳竞买押金，领取拍卖手册、入场号牌等。

（五）拍卖实施

在拍卖实施当天，竞买人经工作人员审查确认后，方可提前半小时进入会场。拍卖方可根据车辆情况及竞买人到场情况，以有声增价拍卖的方式进行，但最后的成交价不得低于委托人的底价。拍卖成交后，以拍卖人的《二手车拍卖成交确认书》作为交易市场开具交易发票的价格依据。

（六）收费

拍卖成交后，收取委托方和买受方一定的佣金（收费标准按成交价的百分比确定）并开具拍卖发票。

拍卖车辆在整个拍卖活动中发生的相关费用由委托人和买受人双方分别承担（以成交确认作为界定，成交前由委托人承担、成交后由买受人承担）。

（七）过户手续办理以及车辆移交

机动车拍卖成交后，买受人和拍卖人应签署《二手车拍卖成交确认书》，办理车辆过户手续，在买受人付清全部车款后，方可填写《机动车拍卖车辆移交清单》，办理车辆移交手续。移交方式（含办理过户、转出、转入等相关手续）由委托人、买受人和拍卖人具体商议决定。

二手车拍卖成交确认书

拍卖人：

买受人：

签订地点：

签订时间：

经审核，本拍卖标的手续齐全，符合国家有关规定，属于合法车辆。

拍卖人于_____年___月___日在_____举行拍卖会上，竞标号码为_____的竞买人_____，经过公开竞价，成功竞得_____。拍卖标的物的详情见附件《拍卖车辆信息》。依照《二手车流通管理办法》《中华人民共和国拍卖法》及有关法律、行政法规之规定，双方签订拍卖成交确认书如下：

一、成交拍卖标的：拍卖编号为_____的二手机动车，车牌号码为_____。

二、成交价款及佣金：标的成交价款为人民币大写_____元(¥_____)，佣金比例为成交总额的_____%，佣金为人民币大写_____元(¥_____)，合计大写_____元(¥_____)。

三、付款方式：拍卖标的已经拍定，其买受人在付足全款后方可领取该车。

四、交接：拍卖人在买受人付足全款后，应将拍出的车辆移交给买受人，并向买受人提供车辆转移登记所需的号牌、《机动车登记证书》《机动车行驶证》、有效的机动车安全技术检验合格标志、车辆购置税完税证明、养路费缴付凭证、车船使用税缴付凭证、车辆保险单等法定证明、凭证。

五、转移登记：买受人应自领取车辆及法定证明、凭证之日起30日内，向公安机关交通管理部门申办转移登记手续。

六、质量保证：_____。

七、声明：买受人已充分了解拍卖标的全部情况，承认并且愿意遵守《中华人民共和国拍卖法》和国家有关法律、行政法规之各项条款。

八、其他约定事项：

买受人(签章)：   拍卖人(签章)：

法定代表人：   法定代表人：

三、二手车拍卖实例分析（案例来源：阿里拍卖）

【案例一】

拍卖车辆：奥迪 A6L。

登记日期：2015 年 12 月。

手续情况：原始发票，机动车登记证书、机动车行驶证，保险有效期到 2020 年 12 月，年审合格到 2021 年 12 月。

车况简介：车辆行驶里程 55000km，车辆有钥匙，静态检测可以启动，发动机、变速箱工况一般，内饰保养一般，皮质有正常磨损，车身外观有划痕，整车有少量碰撞后补漆，仪表显示停车制动故障，胎压报警，后备厢有备胎，有随车工具；发动机号与车架号登记信息一致，车辆评估价 185000 元。

拍卖底价：13 万元。

成交价格：20.1 万元。

成交分析：奥迪 A6L 是国人最喜爱的车型之一，稳重大气的外形和可靠的性能一直受大众喜爱。这款车在全国都有比较高的认知程度，购买群体比较广泛，相对二手车比较保值。这款车由于是法拍车辆，底价制定得比较低，车辆状况很好，有一些部件虽然有磨损痕迹，但是豪华程度丝毫不减，最终成交价格高于评估价，成交情况非常良好。

【案例二】

拍卖车辆：JEEP2012 款自由客。

登记日期：2012 年 8 月。

手续情况：登记证、行驶证、过户发票，年检有效期到 2022 年 8 月，保险过期。

车况简介：黑色车身，碰撞事故车，全车结构件无损伤，加强件有轻微损伤，车身覆盖件四门四翼子板前后舱盖均有重新喷漆。

拍卖底价：0.2 万元。

成交价格：4.85 万元。

成交分析：该车虽为事故车，但起拍价低，全车结构件无损伤，只加强件有轻微损伤，车身覆盖件四门四翼子板前后舱盖均有重新喷漆。进口 JEEP 自由客，品牌认可度高。底价制定合理，成交价格大大高于起拍价。

【案例三】

拍卖车辆：奔驰 CLS300。

登记日期：2013 年 1 月。

手续情况：年检有效期到 2022 年 1 月 31 日，保险有效期到 2021 年 3 月 5 日，司法拍卖。

车况简介：车身红色，据现场查勘，停放时间较长，外观较差，车身有多处破损，内饰较差，经启动，仪表显示里程为 215071km，发动机号与车架号与登记信息一致。

评估价格：18.58 万元。

拍卖底价：13.006 万元。

成交价格：16.366 万元。

成交分析：该车是法拍车。奔驰是中国人比较喜欢的品牌，但由于车辆停放时间较长，未经整备，车辆技术状况较差。车身颜色为红色，红色奔驰在二手车市场保值率较低。起拍价130060元，加价幅度1200元，经29次出价，最终以163660元成交，低于评估价。

【案例四】

某甲用一辆轿车从某典当行抵押借款，并约定如到期不还贷，典当行有权依法处分该轿车。在规定日期内某甲未还贷，典当行于是就委托某拍卖行对该轿车拍卖。拍卖行在认真审查了该车各种手续及委托人可以处分的证明后，进行了拍卖。后买受人在过户过程中受阻，上诉至法院，要求退还其拍卖价款及佣金。理由是：该车行驶证属另一公司所有，某甲没有处分权，所以典当合同无效，拍卖行为也无效。经法院审理，由于某甲向典当行提供了假证明，欺骗了典当行，导致以后合同无效。拍卖行这一无辜的"中介人"也牵入这一复杂的纠纷中。

案例分析：这是一起社会委托人委托的物品权属不清的案例。由于这是社会委托的拍卖，不像法院的强制拍卖，有法院作后台，一般权属清晰。社会委托，由于委托人是企业法人、社会团体、个人等，其委托物品是否有所有权或处分权就要仔细审查、核实。一些潜在的权属缺陷必须由拍卖人自己去核实，这就要求拍卖人一定要严格按照《拍卖法》要求"应当对委托人提供的有关文件、资料进行核实"，"拍卖人有权要求委托人说明拍卖标的的来源和瑕疵"，在签订合同时一定要求委托人对拍卖标的的所有权和处分权作担保，如出现潜在的权属瑕疵，委托人负全部责任。

所以说，机动车拍卖，是拍卖程序最复杂的业务之一，也要求拍卖企业要严格按照《拍卖法》运作，慎之又慎，以便能够顺利完成每一次拍卖而不受经济纠纷的困扰。

第五节　二手车交易手续的办理

二手车相关手续的办理主要是指二手车所有权变更手续的办理，也就是过户手续的办理。二手车交易不像一般商品交易那么简单，其手续的办理需要遵守相关的政策规定，按照一定的流程进行，这样才能保障买卖双方的利益，有助于国家对车辆的有序管理。

不论是哪一种交易类型，都必须办理过户等相关手续，实现车辆所有权变更。目前，我国没有统一的二手车过户程序标准，各地二手车交易在办理过户手续时的程序均会有所差异，但主要程序基本相同。本节以北京市二手车过户手续的办理为例，介绍二手车过户的基本程序。

无论是私人间直接交易还是通过二手车市场交易，基本主程序是一致的。因为，二手车个人直接交易和通过二手车经纪机构进行的二手车交易，卖方并不具备给买方开具二手车销售统一发票的能力和权力。根据《二手车流通管理办法》规定，买卖双方达成交易意向后应当到二手车交易市场办理过户业务，由二手车交易市场经营者按规定向买方开具税务机关监制的统一发票——二手车销售统一发票（发票上必须盖有工商验证章才有效），以便办理车辆相关证件及手续的变更。不仅如此，《二手车流通管理办法》允许二手车在私人之间转让，不需要二手车经营者介入交易过程，但必须到有指定的二手车办证大厅（或服务站）办理交易手续，否则不能办理过户手续。

一、二手车过户流程

图 5-6 为二手车过户的基本流程。

二手车过户过程实际上分为两个步骤：车辆交易过户和转移登记过户，两个步骤缺一不可。车辆交易过户业务在二手车交易市场里（或服务站）办理，获取《二手车销售统一发票》；转移登记过户业务在车管所（或服务站）办理，主要完成《机动车登记证书》的变更登记、核发《机动车行驶证》及机动车号牌。有的城市，二者分开办理，例如北京；但也有的城市，二者合并办理，例如广东地区在车辆管理所内设立二手车交易开票大厅，将二手车市场的开票功能引进到车管所内，或者车管所派驻分支机构设在二手车市场内，方便消费者办理过户手续。本节以北京二手车过户为主进行介绍。

办理二手车交易时，如果原车主不来，或原车主为企事业单位的，可以授权委托其他人来办理交易及过户手续，但必须签署有授权委托书（见图 5-7）。此委托书只在办理交易过户业务时使用，而办理转移登记过户业务时不用。

办理二手车交易时，如果车辆原车主为企事业单位，还需要出具公司固定资产证明，方可进行交易。

下面介绍二手车过户的具体流程。

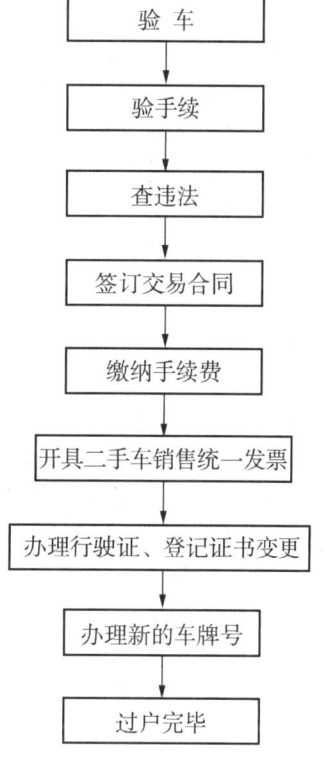

图 5-6　二手车过户基本流程

（一）验车

验车是买卖双方到二手车交易市场办理过户业务的第一道程序，由市场主办方委派负责过户的业务人员办理。验车的主要目的是检查车辆和行驶证上的内容是否一致，对车辆的合法性进行验证。检查的内容包括：车主姓名、车辆名称、车辆的号牌号码、车辆类型、车辆识别代码、发动机号、排气量、初次登记日期等，经检查无误后，填写《车辆检验单》，进入查验手续阶段。

由于车辆车架号码以及发动机号是车辆身份的识别代码，其打刻在车架上以及发动机上的图形是不允许擅自改变的，字形大小均不可改变，因此，是否改过仅凭核对数字是不行的，一定要核对车辆管理所内档案，此项核实工作可以申请车辆管理所协助刑侦查档核实。

许多地区的验车工作由车管所或机动车办证大厅的工作人员完成。除了拓印发动机号码和车身（或车架）号码，鉴定这两个号码是否有凿改的痕迹，并核对与各证件上的号码是否吻合外，还应在全国盗抢车辆检索网络上检索，判断是否为盗抢车，然后由工作人员填写《刑侦部门验车通知书》，并与后述的第三项"查违法"一并办理。

（二）验手续

验手续主要查验车辆手续和机动车所有人身份证明。目的是检验买卖双方所提供的所有手续是否具备办理过户的条件，检查有无缺失以及不符合规定的手续。

1. 车辆手续检查

车辆手续是指能够满足机动车上路行驶所需要的各种手续，主要包括按照国家有关法律法规以及地方法规要求应该办理的各项有效证件和应该交纳的税费凭证。在对车辆进行价值评估时，除了车辆本身的实体价值以外，车辆合法证件和税费等均属于无形价值，是构成车辆具有使用价值的重要组成部分。只有手续合法，所应交纳的税费及其凭证无缺失，才能使车辆在交易环节具有完全的价值。如果车辆出现在使用中未缴纳车船使用税、欠缴购置附加税、不按时年检等情况，即使车辆状况很好，也不具有可使用条件，在补齐之前，是不具备过户条件的。

（1）查验证件。

查验证件的目的是查验交易车辆的合法性。每辆合法注册登记的机动车都有车辆管理所核发的机动车登记证书和机动车行驶证、机动车号牌，号牌必须悬挂在车体指定位置。二手车交易时主要查验以下证件：机动车来历证明、机动车登记证书和机动车行驶证。

①机动车来历证明（一般为该车销售发票，许多城市过户时并不需要）；

②机动车登记证书，是机动车的"户口本"，二手车交易前后车辆和车主的变更信息都详细记载在登记证书里，确保交易双方和车辆管理部门了解车辆产权变更情况，它由车主持有，平时不需要随时携带。

③机动车行驶证是车辆上路行驶时必须随车携带的证件，也是二手车合法性的凭证之一，是二手车过户、转籍必不可少的证件。它是仅次于机动车登记证书的重要文件。消费者在办理二手车所有权转移登记的时候，机动车行驶证必须变更。需要注意的是，机动车行驶证的车辆照片必须与车辆相符，车辆要按照规定年检合格才允许办理。

（2）查验税费证明。

根据《二手车流通管理办法》规定，二手车交易必须提供车辆购置税、车船使用税和车辆保险单等税费缴付凭证。

2. 机动车所有人身份证明

机动车所有人身份证明是证实车主身份的证明，目的是查验机动车所有人是否合法拥有该车的处置权。车主的身份证明有以下几种情况：

①如果车主为自然人，则身份证件为个人身份证。个人身份又有本地户籍和外地户籍之分：本市（省）户籍个人，只需身份证原件；外地户籍个人，需身份证原件和暂住证原件。需注意的是，身份证必须是该车辆最初注册登记时使用的身份证，或者是其以后办理的新身份证。

②如果车主为企业，则身份证件为企业的法人代码证书，该证书必须在有效期内，并及时年审合格。

③如果车主为外籍公民，则身份证件为其护照及工作（居留）证。

根据《二手车交易规范》规定，二手车交易市场经营者和二手车经营主体应按下列项目确认卖方的身份及车辆的合法性：

①卖方身份证明或者机构代码证书原件合法有效。

②车辆号牌、机动车登记证书、机动车行驶证、机动车安全技术检验合格标志真实、合法、有效。

③交易车辆不属于《二手车流通管理办法》第二十三条规定禁止交易的车辆。

同时，二手车交易市场经营者和二手车经营主体应核实卖方的所有权或处置权证明。车辆所有权或处置权证明应符合下列条件：

①机动车登记证书、行驶证与卖方身份证明名称一致；国家机关、国有企事业单位出售的车辆，应附有资产处理证明。

②委托出售的车辆，卖方应提供车主授权委托书和身份证明。

③二手车经销企业销售的车辆，应具有车辆收购合同等能够证明经销企业拥有该车所有权或处置权的相关材料，以及原车主身份证明复印件。原车主名称应与机动车登记证、行驶证名称一致。

此项核实工作可以申请车辆管理所协助查验该车档案进行核实。

（三）查违法

查违法就是查询交易的二手车是否有违法行为记录。具体方法主要是登录车辆管理部门的信息数据库或查询网站进行查询。公安部统一研发、各地公安机关交通管理部门部署运营了交通安全综合服务管理平台，为交通参与者提供公安交管业务办理、预约、宣传、信息告知、查询等服务的"互联网＋"便民利民服务平台。交通参与者可以通过以下方式获取服务：

（1）访问平台网站。网站域名为"https：//gab.122.gov.cn/m/index/"；登录交通安全综合服务管理平台，点击对应区域，车主身份证件号（见图5-7）即可查询到该车是否有违法记录。

（2）下载安装"交管12123"手机APP（扫描右侧二维码）。

图5-7 交通安全综合服务管理平台网站

（3）拨打12123语音号码（已开通地区）。拨打异地号码时，需要加拨区号。

(4)接收12123短信服务信息。短信号码为"12123＋2位省份数字代码＋2位地市顺序码"。

由于车辆违法不仅仅是违章，还可能会涉及财产纠纷、事故案件等，因此，此项核实工作可以申请车辆管理所协助刑侦核实。

(四)签订交易合同

根据《二手车流通管理办法》规定，二手车交易双方应该签订交易合同，要在合同当中对二手车的状况、来源的合法性、费用负担以及出现问题的解决方法等各方面进行约定，以便分清各自的责任和义务。

二手车经过查验和评估后，其车辆的真实性和基本价格已基本确定。如果车主不同意评估价格，可以和二手车销售企业协商达成最终交易的价格，同时，需要原车主对其车辆的一些其他事宜(使用年限、行驶公里数、安全隐患、有无违章记录等)作出一个书面承诺。这些都应以合同的形式来确定。交易合同是确立买卖双方交易关系和履行责任的法律合约，是办理交易手续和过户手续的必要凭证之一。目前全国还没有统一的二手车交易合同格式，有关二手车交易合同的详细情况介绍参见本章第2、3、4节。

(五)交纳手续费

手续费，俗称过户费，是指在二手车交易市场中办理交易过户业务相关手续的服务费用。

在2015年以前，很多二手车交易市场的服务费是按照轿车的排量来进行定额收取的，小排量少收，大排量多收。货车按照载重量、客车按车长分级收取。如北京市旧机动车交易市场收取标准按排量、年份、价格来划分，并设有起始价和最低价。车辆初次登记日期一年以内的车型按起始价收取费用，然后按使用年份逐年递减，直至最低价。微型轿车的过户费用200元起，1.0L排量的轿车300元起，两者的过户费用最高均为600元。然后随着排量的增大，过户费用也随着增加，3.0L排量的轿车最高的过户费用为4 000元，最低为500元。相应地，相同排量的客车与货车的过户费用低于轿车，最低的微型货车和农用车的过户费用只需100元。北京中联二手车交易市场服务费采用定额收取的方式，统一标准为每辆车800元。对于1.3～3.0L排量的车型实行减半，即400元的优惠征收标准；对于1.3L排量以下的，执行200元的优惠征收标准。

2021年12月11日起，福州市二手车市场服务费(过户费)是按照统一标准收取，每辆车过户发票费500元、车牌牌照费115元、行驶证工本费20元，共635元。如委托服务人员代办，代办费200元。福建省其他城市的二手车过户发票服务费各有不同，比如宁德市是50元每台，莆田市100元每台，厦门市100元每台。由于福建省实行省内户籍可在省内任一城市车管所办理车辆登记注册手续，在福州市二手车过户费明显高于其他城市的情况下，福州市二手车市场交易受到明显冲击。

(六)开具二手车销售统一发票

二手车销售统一发票是办理转移登记手续变更的重要文件，因此，它又被称为"过户发票"。过户发票的有效期为一个月，买卖双方应在此期间内，到车辆管理部门办理机动车行驶证、机动车登记证的相关变更手续。

二手车销售统一发票由从事二手车交易的市场、有开票资格的二手车经销企业或拍卖企业开具；二手车经纪公司和消费者个人之间的二手车交易发票由二手车交易市场统一开具。二手车销售统一发票是采用压感纸印制的计算机票，一式5联，其中存根联、记账联、入库联由开票方留存；发票联交购车方、转移登记联交公安车辆管理部门办理过户手续。二手车销售发票的价款中不包括过户手续费和评估费。

开具的发票必须经驻场工商部门审验合格后，在已经开具的"二手车销售统一发票"上加盖"工商行政管理局旧机动车市场管理专用章"后发票才能生效，这步骤称为"工商验证"。

但如果买方是二手车经营者，此发票暂时不开，因为尚未确定最后的购买使用者是谁。

(七) 办理行驶证、登记证书变更

此项工作在车辆管理所办理，行政流程上称为"二手车转移登记手续的办理"，由于此项比较复杂，将在本节后面单独详细介绍。

(八) 办理其他税、证变更

由于此项比较复杂，将在本节后面单独详细介绍。

(九) 过户完毕

过户完毕后，双方款项结清，卖方应向买方交付车辆及相关的手续，主要包括：
① 机动车登记证书；
② 机动车行驶证；
③ 有效的机动车安全技术检验合格标志；
④ 车船使用税缴付凭证；
⑤ 车辆保险单。

二、二手车转移登记手续的办理

二手车交易像买房子一样属于产权交易范畴，涉及相关的证明文件和必要手续。二手车交易后必须办理这些证明文件的转移登记手续，以完成手续完备的、合法的成交。机动车产权证明是机动车登记证书、机动车行驶证和机动车号牌。根据买卖双方的住所是否在同一车辆管理所管辖区内，机动车产权转移登记手续可分为同一车辆管理所管辖区内的所有权转移登记(即同城转移登记)和不同车辆管理所管辖区的所有权转移登记(即异地转移登记)两种登记方式。

二手车同城转移登记手续应当在原车辆注册登记所在地公安交通管理部门办理。需要进行异地转移登记的，由车辆原属地公安交通管理部门办理车辆迁出手续，在接收地公安交通管理部门办理车辆迁入手续。办理二手车转移登记手续的程序如图5-8所示。

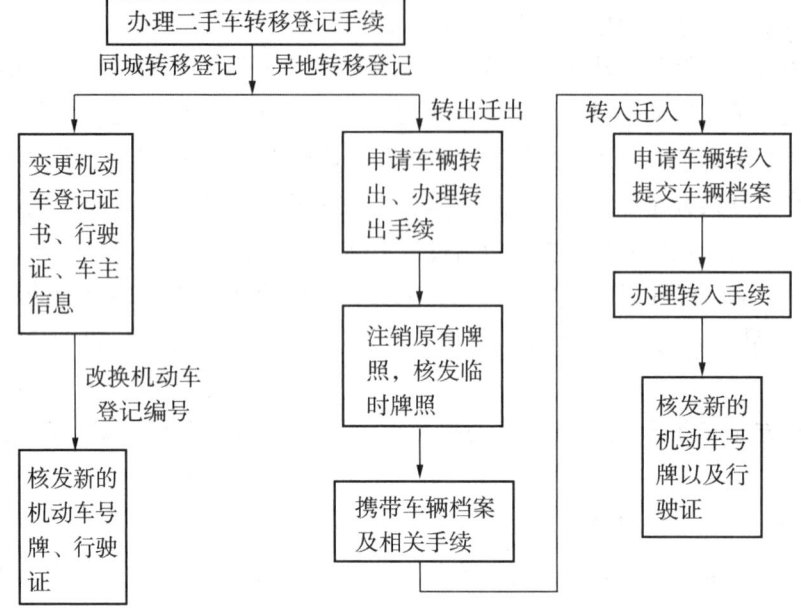

图5-8　办理二手车转移登记手续的程序

目前，由于互联网的广泛使用，二手车异地转移登记手续也大大简化。以福建省为例，如福州号牌的车卖给厦门客户，在厦门上牌，卖方和买方都是福建户籍的情况下，只需要在厦门二手车交易市场开具二手车交易统一发票，向厦门车管所提交过户申请，厦门车管所向福州车管所申请验车并提取电子档案，厦门车管所变更机动车登记证书、行驶证、车主信息，核发新的机动车号牌即可完成过户转籍。

(一)二手车办理转移登记所需的手续及证件

二手车在同城交易和所有权转移登记时，根据买卖双方身份不同，二手车过户有四种类型，办理转移登记时所需的手续和证件也相应不同。

1. 二手车所有权由个人转移给个人

所需资料有：

①卖方个人身份证原件及复印件；

②买方个人身份证原件及复印件；

③车辆原始购置发票或上次交易过户发票原件及复印件；

④过户车辆的机动车登记证书原件及复印件；

⑤过户车辆的机动车行驶证原件及复印件；

⑥二手车买卖合同；

⑦省外户口需持暂住证；

⑧二手车销售统一发票；

⑨过户车辆到场。

2. 二手车所有权由个人转移给单位

所需资料有：

①卖方个人身份证原件及复印件；

②买方单位法人代码证原件及复印件(须在年检有效期之内)；

③车辆原始购置发票或上次交易过户发票原件及复印件；

④过户车辆的机动车登记证书原件及复印件；

⑤过户车辆的机动车行驶证原件及复印件；

⑥二手车买卖合同；

⑦二手车销售统一发票；

⑧过户车辆到场。

3. 二手车所有权由单位转移给个人

所需资料有：

①卖方单位法人代码证原件及复印件(须在年检有效期之内)；

②买方个人身份证原件及复印件；

③车辆原始购置发票或上次交易过户发票原件及复印件(若发票丢失需本单位财务证明信)；

④卖方单位须按实际成交价格给买方个人开具成交发票(需复印件)；

⑤过户车辆的机动车登记证书原件及复印件；

⑥过户车辆的机动车行驶证原件及复印件；

⑦二手车买卖合同；

⑧二手车销售统一发票；

⑨卖方单位固定资产处置证明；

⑩卖方单位机动车业务委托书；

⑪过户车辆到场。

4. 二手车所有权由单位转移给单位

所需资料有：

①卖方单位法人代码证原件及复印件(须在年检有效期之内)；

②买方单位法人代码证原件及复印件(须在年检有效期之内)；

③车辆原始购置发票或上次交易过户发票原件及复印件(若发票丢失需本单位财务证明信)；

④卖方单位须按实际成交价格给买方单位开具成交发票(需复印件)；

⑤过户车辆的机动车登记证书原件及复印件；

⑥过户车辆的机动车行驶证原件及复印件；

⑦二手车买卖合同；

⑧二手车销售统一发票；

⑨卖方单位固定资产处置证明；

⑩卖方单位机动车业务委托书；

⑪过户车辆到场。

(二)同城车辆所有权转移登记

办理已注册登记的机动车在同城(同一车辆管理所管辖区内)发生所有权转移时,需要更改车主姓名(单位名称)和住所等资料、机动车登记证编号及机动车号牌等。这种变更情形习惯上称为办理过户手续,即把机动车原车主的登记信息变更为新车主的登记信息。其转移登记流程如图5-9所示。

1. 过户登记的程序

现车主提出申请,机动车检测站查验车辆(同时对超过检验周期的机动车进行安全检测)→车辆管理所受理、审核资料→在机动车登记证书上记载过户登记事项→收回原机动车号牌和机动车行驶证→重新核发机动车号牌和机动车行驶证。

(1)提出申请:现车主向车辆管理所提出机动车产权转移申请,填写《机动车转移登记申请表》,有的地方也称《机动车过户、转出和转入登记申请表》。

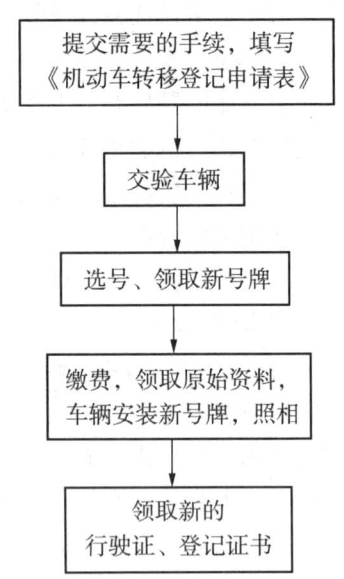

图5-9 同城转移登记流程

(2)交验车辆:现车主将机动车送到机动车检测站检测,查验车辆识别代码(车架号码)是否有凿改,与车辆识别代码(车架号码)的原始档案内拓印膜是否一致。如果是已经超过检验周期的机动车,还要进行安全检测。

(3)受理审核资料:受理转移登记申请,查验并收存相关资料,向现车主出具受理凭证。审批相关手续,符合规定的在计算机登记系统中确认,不符合规定的说明理由开具退办单,将资料退回车主。

(4)办理新旧车主信息资料的转移登记手续:进行机动车号牌选号、照相,重新确定机动车登记证编号,最后,在《机动车登记证书》上记载转移登记事项。

(5)收回原机动车行驶证,核发新的机动车行驶证。

(6)收回原机动车号牌、机动车行驶证,确定新的机动车登记证编号,重新核发机动车号牌、机动车行驶证和检验合格标志。

2. 过户登记需要的材料

①机动车转移登记申请表;

②现车主的身份证明;

③机动车登记证书(原件);

④机动车行驶证(原件);

⑤解除海关监管的机动车,应当提交监管海关出具的《中华人民共和国海关监管车辆解除监管证明书》;

⑥机动车来历凭证(二手车交易的机动车来历凭证就是二手车销售统一发票);

⑦车辆购置税完税证明;

⑧所购买的二手车。

3. 过户登记的事项

①现车主的姓名或者单位名称、身份证明名称、身份证明号码、住所地址、邮政编码和联系电话；

②机动车获得方式：机动车获得方式是指人民法院调解、裁定、判决，仲裁机构仲裁裁决、购买、继承、赠予、中奖、协议抵偿债务、资产重组、资产整体买卖和调拨等；

③机动车来历凭证的名称、编号；

④转移登记的日期；

⑤海关解除监管的机动车，登记海关出具的《中华人民共和国海关监管车辆解除监管证明书》的名称、编号；

⑥改变机动车登记编号的，登记机动车登记编号。

4. 不能办理过户登记的情形

有下列情形之一的，不能办理过户登记：

①车主提交的证明、凭证无效的；

②机动车来历凭证涂改的，或者机动车来历凭证记载的车主与身份证明不符的；

③车主提交的证明、凭证与机动车不符的；

④机动车未经国家机动车产品主管部门许可生产、销售或者未经国家进口机动车主管部门许可进口的；

⑤机动车的有关技术数据与国家机动车产品主管部门公告的数据不符的；

⑥机动车达到国家规定的强制报废标准的；

⑦机动车属于被盗抢的；

⑧机动车与该车的档案记载的内容不一致的；

⑨机动车未被海关解除监管的；

⑩机动车在抵押期间的；

⑪机动车或者机动车档案被人民法院、人民检察院、行政执法部门依法查封、扣押的；

⑫机动车涉及未处理完毕的道路交通安全违法行为或者交通事故的。

(三)异地车辆所有权转移登记

二手车交易后，如果新车主和原车主的住所不在同一城市，不能直接办理机动车登记证书和机动车行驶证的变更，需要到新车主住所所属的车辆管理所管辖区内办理。这就牵涉到二手车转出和转入登记问题，也称为迁入和迁出登记。

1. 转出登记

车辆转出登记是指在现车辆管理所管辖区内已注册登记的车辆，办理车辆档案转出的手续。一般是由于现车主的住所或工作地址变动等原因需要将车辆转出本地。

(1)转出登记程序。

现车主提出申请，填写《机动车转移登记申请表》→车辆管理所受理审核资料→确认车辆→在机动车登记证书上记载转出登记事项→收回机动车号牌和机动车行驶证→核发临时行驶车号牌，密封机动车档案→交机动车所有人。

(2)转出登记的规定。

根据《机动车登记规定》，二手车交易后且现车主的住所不在原车辆管理所管辖区的，现车主应当于机动车交付之日(以二手车销售发票上登记日期为准)起30日内，向原二手车管辖地车辆管理所提出转移登记申请，填写《机动车转移登记申请表》，有些地方还要求车主签订外迁保证书。

(3)转出登记需要的资料。

现车主在规定的时间内，持下列资料，向原二手车管辖地车辆管理所申请转出登记，并交验车辆：

①机动车转移登记申请表；

②现车主的身份证明；

③机动车登记证书(原件)；

④机动车来历凭证(二手车销售统一发票注册登记联原件)；

⑤如果属于解除海关监管的机动车，应当提交监管海关出具的《中华人民共和国海关监管车辆解除监管证明书》；

⑥交回机动车号牌和机动车行驶证。

(4)转出登记事项。

车辆管理所办理转出登记时，要在机动车登记证书上记载下列转出登记事项：

①现车主的姓名或者单位名称、身份证明名称、身份证明号码、住所地址、邮政编码和联系电话。

②机动车获得方式。机动车获得方式是指人民法院调解、裁定、判决，仲裁机构仲裁裁决、购买、继承、赠予、中奖、协议抵偿债务、资产重组、资产整体买卖和调拨等。

③机动车来历凭证的名称、编号。

④转移登记的日期。

⑤海关解除监管的机动车，登记海关出具的《中华人民共和国海关监管车辆解除监管证明书》的名称、编号。

⑥改变机动车登记编号的，登记机动车登记编号。

⑦登记转入地车辆管理所的名称。

完成转出登记的办理后，收回机动车号牌和机动车行驶证，核发临时行驶车号牌，密封机动车档案，交给车主到转入地办理转入登记手续。

2. 转入登记

(1)机动车转入登记的条件。

①现车主的住所属于本地车管所登记规定范围的；

②转入机动车符合国家机动车登记规定的。

(2)转入登记规定。

根据《机动车登记规定》，机动车档案转出原车辆管理所后，机动车所有人必须在90日内携带车辆及档案资料到住所地车辆管理所申请机动车转入登记。

（3）转入登记程序。

车主提出申请→交验车辆→车辆管理所受理申请→审核资料→在机动车登记证书上记载转入登记事项→核发机动车号牌、机动车行驶证和检验合格标志。

①提出申请：车主向转入地车辆管理所提出转入申请，填写《机动车注册登记/转入申请表》；

②交验车辆：车主将机动车送到机动车检测站检测，车管所民警确认机动车的唯一性，查验车辆识别代号（车架号码）有无凿改嫌疑；

③车辆管理所受理申请：受理转入登记申请，查验并收存机动车档案，向车主出具受理凭证；

④审核资料：审批相关手续，符合规定的在计算机登记系统中确认，不符合规定的说明理由开具退办单，将资料退回车主；

⑤办理转入登记手续：审验合格后，进行机动车号牌选号、照相，确定机动车登记编号，并在机动车登记证书上记载转入登记事项；

⑥核发新的机动车号牌和机动车行驶证。

（4）转入登记需要的资料。

①机动车注册登记/转入申请表；

②车主的身份证明；

③《机动车登记证书》；

④机动车密封档案（原封条无断裂、破损）；

⑤申请办理转入登记的机动车的标准照片；

⑥海关监管的机动车，还应当提交监管海关出具的《中华人民共和国海关监管车辆进（出）境领（销）牌照通知书》。

由于各地区对车辆环保要求执行不同的标准，例如北京市执行"国Ⅵ"标准，要求所有机动车在办理注册登记以及申请转入本市的车辆需满足"国Ⅵ"排放标准。所以，车主在将车辆转入"转入地"前，应向转入地的车辆管理部门征询该车辆是否符合转入条件，尤其是尾气排放条件。

（5）转入登记事项。

车辆管理所办理转入登记时，要在机动车登记证书上记载下列登记事项：

①车主的姓名或者单位名称、身份证明号码或者单位代码、住所的地址、邮政编码和联系电话；

②机动车的使用性质；

③转入登记的日期；

属于机动车所有权发生转移的，还应当登记下列事项：

④机动车获得方式；

⑤机动车来历凭证的名称、编号和进口机动车的进口凭证的名称、编号；

⑥机动车办理保险的种类、保险的日期和保险公司的名称；

⑦机动车销售单位或者交易市场的名称和机动车销售价格。

（6）不能办理转入登记的情形。

有下列情形之一的，不予办理转入登记：

①车主提交的证明、凭证无效的；

②机动车来历凭证涂改的，或者机动车来历凭证记载的车主与身份证明不符的；

③车主提交的证明、凭证与机动车不符的；

④机动车未经国家机动车产品主管部门许可生产、销售或者未经国家进口机动车主管部门许可进口的；

⑤机动车的有关技术数据与国家机动车产品主管部门公告的数据不符的；

⑥机动车达到国家规定的强制报废标准的；

⑦机动车属于被盗抢的；

⑧机动车与该车的档案记载的内容不一致的；

⑨机动车未被海关解除监管的；

⑩机动车在抵押期间的；

⑪机动车或者机动车档案被人民法院、人民检察院、行政执法部门依法查封、扣押的；

⑫机动车涉及未处理完毕的道路交通安全违法行为或者交通事故的；

⑬机动车所有人擅自改动、更换机动车或者机动车档案的。

三、二手车保险合同的变更办理

二手车交易中，买方在变更车辆产权之后还需要进行保险合同等文件的变更。各地在变更时对文件的要求不同，可以先到规定办理的单位窗口咨询一下。

在二手车买卖的过程中，办理车辆保险过户是非常重要的一个环节，因为车辆所有权的转移并不意味着车辆保险合同也转移。一般情况下，保险利益随着保险标的所有权的转让而灭失，只有经保险公司同意批改后，保险合同方才重新生效。所以，保险车辆依法过户转让后应到保险公司办理保险合同主体的变更手续，否则车辆受损时保险公司是有权拒赔的。我国《保险法》第三十四条规定："保险标的的转让应当通知保险人，经保险人同意继续承保后，依法变更合同。"保险公司和车主签订的保险合同一般也约定，在保险合同的有效期限内，保险车辆转卖、转让、赠送他人、变更用途或增加危险程度，被保险人应当事先书面通知保险人并申请办理批改，否则，保险人有权解除保险合同或者有权拒绝赔偿。

如今，随着二手车交易的增多，一个新问题也随之产生。很多人在买卖二手车时，以为只要向当地车管所提出机动车转籍更新申请即可，却忘记同时还应通知车辆的保险公司，给车辆保险办理相关的批改手续。实际上，在二手车买卖的过程中，办理车险过户是非常重要的一个环节，因为车辆所有权的转移并不意味着车辆保险合同也跟着转移了。

保险合同的变更是指在保险合同的有效期内，当事人根据主客观情况的变化，依据法律规定的条件和程序，在协商一致的基础上，对保险合同的某些条款进行修改或补充。《保险法》第二十一条规定："在保险合同有效期内，投保人和保险人经协商同意，可以变更保险合同的有关内容。变更保险合同的，应当由保险人在原保险单或者其他保险凭证上批注或者附贴批单，或者由投保人和保险人订立变更的书面协议。"在车险实务中，应根据《机动车辆保险监制单证管理办法》第十三条的规定："保险单签发后，内容如需变更，应使用机动车辆保险批单。"

（一）变更事项

机动车辆保险合同的变更事项主要包括如下内容：

（1）保险人变更。一般情况下，保险人变更是不可能的。但是，当出现保险人破产、被责令停业、被撤销保险业经营许可等情况时，会导致保险人变更；保险公司的合并或分立，也可能导致保险人变更。

（2）被保险人变更。当保险车辆发生转卖、转让、赠送他人时，被保险人需要变更。《保险法》第三十四条规定："保险标的的转让应当通知保险人，经保险人同意继续承保后，依法变更合同……"

（3）保险车辆变更使用性质，增、减危险程度。《保险法》第三十七条规定："在合同有效期内，保险标的危险程度增加的，被保险人按照合同约定应当及时通知保险人，保险人有权要求增加保险费或者解除合同……"

（4）增、减投保车辆。

（5）增、减或变更约定驾驶人员。

（6）调整保险金额或责任限额。

（7）保险责任变更。保险责任变更是指保险人承担的保险责任范围的扩大或缩小等。如果投保人或被保险人有变更保险责任条款的需要，经过双方协商，可以约定变更。

（8）保险期限变更。

（9）变更其他事项。

（二）保险合同变更的办理

保险车辆在保险期限内，发生上述变更事项时，应办理保险合同变更手续。

保险合同变更一般不采取将原保险合同作废的方式，而是保险公司通过另行出具批单进行修正或补充说明的方式。批单是车险实务中保险合同变更时必须使用的书面凭证。在批单中，需要列明变更条款的内容。保险合同一经变更，变更的那一部分内容即取代了原合同中被变更的内容，与原合同中未变更的内容一起，构成了一个完整的合同。保险双方应以变更后的合同履行各自的义务。保险合同的变更没有溯及既往的效力，即对合同变更前已经履行的部分没有约束力，任何一方都不能因为保险合同的变更而单方面要求另一方按照变更后的内容改变已经做出的履行。

在实际操作中可能出现一份保险单多次变更的情况，在这种情况下就会出现变更效力的问题，即在多次变更，或者多份批单的情况下，出现优先适用的问题。通常，在合同进行多次变更时，对于适用顺序，或者效力，采用两种标准：一是时间标准，即最近一次批改的效力优于之前的批改；二是批改方式标准，即手写批改的效力优于打印件的批改。

（三）保险合同变更流程

在办理保险变更的程序中，有些保险公司目前设定的具体程序也有不尽完善的地方，还需要不断地改进。以因车辆过户而变更被保险人为例，目前在车辆办理过户手续时，车辆管理部门先出具车辆行驶代理证，经过一段时间以后，才出具正式行驶证，而有些保险公司在办理车辆保险过户批单时，却要求车主出具正式行驶证才予以办理，因此，在车主已经将车辆过户但尚未取得车辆正式行驶证的期间将会出现保险责任真空区，对被保险人而言这是不合理的。

【案例】

2019年5月，王先生购买了一辆二手迈腾小轿车，并办理了相关的转籍入户手续。此前，该车已投保车辆损失险和附加险，保险金额为人民币20万元，保险期限为2019年1月1日零时至2019年12月31日24时。但王先生买下此车后，并未将车主、车牌号变更的情况及时通知保险公司。

2019年11月底，该车发生重大交通事故，保险公司接到报案后，才发现车主及车牌号已经变更。由于"被保险人未及时履行如实告知义务"，保险公司拒绝了保险车辆的赔偿要求。

对此，王先生难以接受，一纸诉状将保险公司告上法庭。他认为保险合同约定的是对车辆的保险，在此案中，虽然车主与车牌号变了，但车辆本身并未变更，保险公司理应承担此次事故的赔偿责任。

法院开庭审理后，法院判决不予以支持王先生的诉讼请求。因为，保险合同是一种基于最大诚信原则订立的合同，双方的诚信义务高于一般合同，法律要求投保人对保险标的的陈述必须真实。一般情况下，保险利益随着保险标的所有权的转让而灭失，只有经保险公司同意批改后，保险合同方才重新生效。

同时，机动车辆保险条款中均有规定，在保险有效期内，保险车辆转卖、转让、赠送他人、变更用途或增加危险程度，被保险人应当书面通知保险公司并申请办理批改，否则保险公司有权拒绝赔偿。

由此可见，在行驶证、登记证过户后，一定要办理完保险过户，新车主才能开车上路。有些人认为原车主已买了全年的保险，而自己开车是在保险期内出了事故，保险公司理应赔偿，并不急着办理保险过户，这是错误的。在行驶证过户后至保险过户之前出事故，保险公司可以拒绝赔付。现在，如委托他人办理二手车过户手续，可以同时要求该服务人员办理二手车保险过户。如果自行办理二手车过户手续的车主，也只需要联系投保时保单的联络人，通过电话就能办理被保险人的变更手续，十分方便。

复习思考题

1. 二手车交易主要有哪些形式？
2. 试画出二手车交易流程图。
3. 简述影响二手车收购定价的因素。
4. 二手车收购的渠道主要有哪些？
5. 简述二手车置换的基本过程。
6. 4S店开展置换业务相比于二手车市场有哪些优势和劣势？
7. 简述二手车销售定价的方式。
8. 简述二手车的金融模式及其优劣势。
9. 简述二手车拍卖的基本过程。
10. 简述二手车过户的基本流程。

参 考 文 献

[1] 宋双羽,王占国.《二手纯电动乘用车鉴定评估技术规范》实施与细则[M].北京:北京交通大学出版社,2022.

[2] 中国国家标准化管理委员会.GB 7258—2017 机动车运行安全技术条件[S].北京:中国标准出版社,2017.

[3] 中国国家标准化管理委员会.GB 16735—2019 道路车辆 车辆识别代号(VIN)[S].北京:中国标准出版社,2019.